Lydia Kellermeier

Nichts ist, wie es scheint! Hypnose macht das Unsichtbare sichtbar.

Lydia Kellermeier

Nichts ist, wie es scheint! Hypnose macht das Unsichtbare sichtbar.

Verstehen und neue Wege gehen

Trainerverlag

Impressum/Imprint (nur für Deutschland/only for Germany)
Bibliografische Information der Deutschen Nationalbibliothek: Die Deutsche Nationalbibliothek verzeichnet diese Publikation in der Deutschen Nationalbibliografie; detaillierte bibliografische Daten sind im Internet über http://dnb.d-nb.de abrufbar.

Coverbild: www.ingimage.com

Verlag: Der Trainerverlag ist ein Imprint der
Südwestdeutscher Verlag für Hochschulschriften GmbH & Co. KG
Heinrich-Böcking-Str. 6-8, 66121 Saarbrücken, Deutschland
Telefon +49 681 37 20 271-1, Telefax +49 681 37 20 271-0
Email: info@verlag-trainer.de

Herstellung in Deutschland (siehe letzte Seite)
ISBN: 978-3-8417-5045-7

Imprint (only for USA, GB)
Bibliographic information published by the Deutsche Nationalbibliothek: The Deutsche Nationalbibliothek lists this publication in the Deutsche Nationalbibliografie; detailed bibliographic data are available in the Internet at http://dnb.d-nb.de.

Cover image: www.ingimage.com

Publisher: Trainerverlag
is an imprint of the publishing house
Südwestdeutscher Verlag für Hochschulschriften GmbH & Co. KG
Heinrich-Böcking-Str. 6-8, 66121 Saarbrücken, Deutschland
Phone +49 681 37 20 271-1, Fax +49 681 37 20 271-0
Email: info@verlag-trainer.de

Printed in the U.S.A.
Printed in the U.K. by (see last page)
ISBN: 978-3-8417-5045-7

Inhaltsverzeichnis

Ich danke allen die mich bei diesem Buch unterstützt haben. Ein besonderer Dank gilt meiner Familie und ganz besonders Christina Hinrichs, fürs tolle Korrektur lesen. Danke!

Warum dieses Buch?

Viele Fragen sich dabei vielleicht: „Hat sie nicht genug zu tun, dass sie nun ein Buch schreibt?“ Doch, zu tun habe ich genug. Und es macht Spaß. Doch weiß ich eben auch, durch meine Arbeit, dass es noch viele Vorurteile gegenüber der Hypnose gibt. Und damit nehmen wir uns alle eine tolle Möglichkeit, die Dinge, die wir verändern möchten, auch wirklich zu verändern.
Aus diesem Grund möchte ich dieses Buch schreiben.

Hypnose macht die Dinge sichtbar, die sonst unsichtbar bleiben würden, weil sie tief im Unterbewusstsein liegen. Selbst bei der Gewichtsreduktion, sowie auch bei der Rauchentwöhnung geht es um diese unsichtbaren Dinge. Die Dinge, die uns dazu bewegen, Dinge zu tun oder zu essen, obwohl unsere Logik es nicht will bzw. wir es bewusst wissen, das es nicht gut ist „das“ zu tun. Trotzdem machen wir es. Hinterher ärgern wir uns zwar und nehmen uns vor, es „beim nächsten mal“ zu lassen. Doch es kommt anders – wir lassen es nicht! Aber warum nicht? Warum können wir es nicht einfach „abstellen“? Weil der Grund dafür Dinge zu tun, die unser Bewusstsein gar nicht will, im Unterbewusstsein liegen. Und wir so einfach da nicht ran können.
Da setzt dann die Hypnose ein, sie macht genau diese Dinge sichtbar. Und wenn es sichtbar ist, kann es verändert oder bearbeitet werden.
Auch die reine Suggestion ist schon wirkungsvoll, jedoch u. U. nicht von ewiger Dauer, da Im Unterbewusstsein die Ereignisse noch versteckt liegen. Doch wird das Unsichtbare sichtbar gemacht, bleibt es für immer – das Positive.

Ein Buch, das dem einzelnen Leser helfen wird, besser zu verstehen. Ihm helfen wird die Hypnose, bei sich selber (Selbsthypnose genannt) anzuwenden und weiter weiß der Leser nach diesem Buch, dass Hypnose auch bei Problemen helfen kann, die Unterstützung von außen brauchen, also nicht alleine gelöst werden können. Und natürlich, worauf er achten sollte, um einen guten Hypnosetherapeuten (auch Hypnotherapeuten genannt) zu finden.

Ich werde möglichst viele Beispiele aus dem Alltag wählen, um diese ganze Theorie plastisch machen zu können. Das mache ich, damit es besser verständlich ist.

Vorab: Die Hypnose, die zu therapeutische Zwecke und zur Heilung eingesetzt wird, wird u.a. als klinische Hypnose, medizinische Hypnose, therapeutische Hypnose, Hypnosetherapie oder Hypnotherapie bezeichnet. Diese verschiedenen Worte kommen zustande, weil es keine feste Definition des Wortes gibt. Ich werde in diesem Buch zur Vereinfachung nur „klinische Hypnose“ verwenden.

Wer bin ich und wie kam ich zur Hypnose?

Ich bin Heilpraktikerin für Psychotherapie und Hypnosetherapeutin mit europäischem Diplom.
Ich arbeite in eigener Praxis nun schon seit vielen Jahren.
Doch so begann es nicht. Durch eigene Erkrankungen wurde mein Weg mehrmals umgeleitet (zu diesem Wort später mehr), bevor ich Hypnosetherapeutin mit europäischem Diplom und Reinkarnationstherapeutin wurde.

Wo begann mein Weg: Er begann als technische Zeichnerin, durch Erkrankungen kam es zu einer Umschulung zur Arzthelferin. Selbst diese konnte ich nicht vollständigen beenden, arbeitete aber in einem (heute genannten) 400-Euro-Job. Mehr war gesundheitlich nicht möglich.

Die Zeit war nicht immer leicht und so kam es, wie es kommen musste – psychische Probleme in Form einer Depression stellten sich ein. Ich begann eine Therapie. Meine Therapeutin bot neben der Gesprächstherapie auch eine Art Trancearbeit an, die, wie ich heute weiß, der Hypnose und unseren inneren Bildern sehr ähnelt. Mein Leben veränderte sich. So schaffte ich es, mein Leben in völlig neue Bahnen zu lenken.
Durch meine Therapeutin erkannte ich, bzw. eher sie erkannte, dass ich eine schöne Sensibilität hätte, auf Menschen zuzugehen. Ich schaute mich diesbezüglich um, um mich weiter zu entwickeln.

So bin ich an 2 Fernstudienlehrgänge gekommen, zum einen der Studiengang Psychotherapie für Heilpraktiker (2 Jahre) und parallel dazu der Fernstudienlehrgang zum Hypnotherapeuten (3 Jahre). So legte ich vor dem Gesundheitsamt Hannover meine Prüfung zum Heilpraktiker für Psychotherapie ab und bekam mein europäisches Diplom mit exzellentem Abschluss verliehen.

Weiteren Schritt meiner Entwicklung ist dieses Buch. Es soll dem Leser helfen, sich selbst zu helfen und wenn es Dinge sind, die alleine nicht gelöst werden können, sich selbst die Möglichkeit zu geben, Dinge sichtbar zu machen, die ansonsten unsichtbar bleiben würden.

Doch vorweg, um alles etwas besser zu verstehen, ein kleines bisschen Theorie und Geschichte. Aber auch die ist wichtig, um Hypnose besser verstehen zu können.

Was ist Hypnose?

Ich möchte nicht zu sehr ins Detail gehen, denn dafür gibt es genug andere Bücher. Doch auch hier sollte zumindest ein ganz kleiner Einblick bzw. ganz grober Einblick sein, den ich nun beginne.

Hypnose ist, wenn sie professionell angewendet wird, ungefährlich und nebenwirkungsfrei. Sie ist sehr gut einsetzbar, um tief liegende, versteckte Ereignisse aufzudecken. Denn nur wenn sie aufdeckt sind, können sie auch bearbeitet werden, was zur Veränderung der Probleme führt.
Die klinische Hypnose ist nicht das, was oftmals geglaubt wird, nämlich „völlig weg" zu sein. Das Bewusstsein ist nur eingeschränkt, und das Unterbewusstsein aktiver.

Zur Geschichte: Auch wenn es nicht absolut beweisbar ist, so scheint es die Hypnose zu geben, seit es die Menschheit gibt. Auch die Schamanen waren schon Nutzer der Hypnose in Form von Selbst- und Fremdhypnose.
Wissenschaftlich geht die Hypnose auf Franz Anton Messmer ins Jahr 1770 zurück. Er experimentierte mit Magneten, die er seinen Patienten auflegte. Er stellte fest, dass der Mensch, wenn er sie mit Eisenstangen berührte, dass er sie dann dadurch von bestimmten Krankheiten heilen konnte. Mesmer nahm fälschlicherweise an, dass in jedem Menschen magnetische Energie herrscht. Und wenn diese magnetische Energie in Disharmonie kommt, den Einklang verliert, dann wird die Person krank. So nannte er dieses Verfahren „Magnetismus". Doch aufgrund seines Namens, wurde das ganze lange Zeit „Messmerisieren" genannt
James Braid (1795 – 1860) war ein schottischer Arzt. Er verwarf die Theorie von Messmer. Er erkannte, dass es sich nicht um einen Magnetismus handelt, sondern er nahm an, dass es sich um einen künstlich hervorgerufenen Schlaf handelte, deshalb nannte er das ganze Hypnose. Abgeleitet vom dem griechischen Wort Hypnos (= Schlaf). Als er später feststellte, dass doch deutliche Unterschiede zwischen Schlaf und Hypnose bestanden, nämlich das es sich hierbei um eine Verschiebung der Konzentration und der Aufmerksamkeit handelt, versuchte er diesen Namen wieder zu ändern, aber zu dem Zeitpunkt war es schon zu spät. Das Wort ist bis heute erhalten.
Danach setzen sich noch einige Menschen mit diesem Thema auseinander, u.a. Sigmund Freud, dem Begründer der Psychoanalyse.

Der „Vater" der heutigen Hypnose ist bzw. war Milton H. Erickson (1901 – 1980), amerikanischer Psychiater und Psychotherapeut. Durch ihn wurde die Hypnotherapie geboren.
Milton H. Erickson erkrankte bis zur vollständigen Lähmung an Kinderlähmung. Vollkommen Bewegungsunfähig saß er in einem Schaukelstuhl. Sein innerer und ganz

intensiver Wunsch war es, aus dem Fenster zu schauen. Dieser Wunsch war so intensiv, das er sich immer wieder innerlich vorstellte, wie er aus dem Fenster schauen würde. Diese starke innere Vorstellung, hat dazu geführt, dass sich eines Tages der Schaukelstuhl bewegte. Er hat es sich täglich ganz intensiv vorgestellt, solange, bis der Körper darauf reagiert. Das ganze nennt sich psychomotorisch (oder auch Ideomotorik), hierbei ist die unwillkürliche Bewegung des Körpers auf die intensive bloße Vorstellung gemeint. Als er das nun geschafft hat, war er motiviert weiter zu machen. Nach einem Jahr konnte er schon wieder an Gehstützen gehen und schaffte es, bis auf ein Hinken, vollständig zu gesunden. Die Hypnotherapie / Hypnosetherapie war geboren.
Nach Erickson hat das Unterbewusstsein eine unerschöpfliche Ressource und würde nie etwas „vergessen", was es einmal gewusst bzw. gelernt hat. Laut seiner Aussage liegt es in der Vergessenheit, jedoch nie im Verlorenen.
Dank Milton H. Erickson, hat die Hypnose individuelle Einsatzmöglichkeiten.
Hypnose an sich ist ein angenehmer Zustand, der zwischen Wach und Schlaf liegt.
Sehr bekannt ist die Hypnose in der Zwischenzeit durch die Gewichtsreduktion und die Rauchentwöhnung (oder auch Raucherentwöhnung).

Lassen sie mich noch die Gegendarstellung einfügen:
Was ist Hypnose nicht?
Sie ist keine Magie, sie ist nichts mystisch und sie ist kein Wunderheilmittel. Sie ist eine Natürlichkeit.

Gibt es Einschränkungen bei der Anwendung von Hypnose?

Ja, die gibt es, wenn auch sehr wenige.
Es gibt ein paar Erkrankungen, da sollte die Hypnose sehr vorsichtig dosiert werden. Das gilt auch für die Selbsthypnose.
Sie fragen sich jetzt sicher, „aber warum, muss man denn da vorsichtig sein?" Weil die Hypnose, wie schon oft erwähnt, versteckte Dinge sichtbar macht. Bei ein paar Erkrankungen, hat dieses Aufdecken unter Umständen fatale Folgen. Das heißt nicht, dass es gar nicht gemacht werden kann, aber besser nicht in einer ambulanten Behandlung und sicherheitshalber auch nicht in der Selbsthypnose, sondern nur in einer stationären Behandlung.
Grund: Bei diesen Menschen wir u.U. ein verdecktes Traumata aufgedeckt, doch sind diese Menschen, von ihrer psychischen Stabilität, nicht in der Lage, das aufzufangen und zu verarbeiten. Sie verlieren dann möglicherweise den Bezug zur Realität und bleiben in

diesem Trauma „gefangen“. Diese Menschen bleiben nicht in der Hypnose, sondern in ihrem Trauma was sie erlebt haben gefangen, erleben u.U. dieses Trauma als wieder real vorhanden. Sie müssten dann in filigraner Arbeit behandelt werden. Um all das zu verhindern, ist eine Hypnosebehandlung, bei solchen Menschen, nur in einer stationären Therapie angebracht.
Zur diesen Erkrankungen gehören:
Schizophrenie, schizotype und wahnhafte Störungen (ICD-10 F20-F29) – Affektive Psychosen (F30-F34) – spezifische Persönlichkeitsstörungen (F60; F60.0-F60.9; F61), hierbei sei besonders die emotional instabile Persönlichkeitsstörung, mit der Borderline – Persönlichkeitsstörung genannt.

Von daher weise ich darauf hin, bitte auch die Selbsthypnose nur anzuwenden, wenn die o.g. Erkrankungen bei ihnen NICHT vorliegen. Wenn Sie sich diesbezüglich nicht sicher sein sollten, dann fragen Sie ihren behandelnden Arzt, Psychologen oder Psychiater.

Das Bewusstsein / Das Unterbewusstsein

Es gibt das Bewusstsein und das Unbewusste. Im allgemeinen Sprachgebrauch wird das Unbewusste jedoch Unterbewusstsein genannt. Fachlich gesehen ist das nicht ganz richtig. Denn eine Sache machen wir bewusst und eine andere unbewusst (also automatisch bzw. von alleine). Die Bezeichnung Unterbewusstsein bedeutet aber, dass es ein Bewusstsein unter dem eigentlichen Bewusstsein gibt. Wenn es ein „Unter“-bewusstsein gäbe, würde das heißen, dass das Bewusstsein in Bewusstsein und Unterbewusstsein unterteilt wäre.
Beide sind eigenständig für sich. Es gibt BEIDE Teile, einmal das Bewusste und einmal das Unbewusste – praktisch nebeneinander.
Da es aber im allgemeinen Sprachgebrauch läufig ist, „Unterbewusstsein“ zu sagen, möchte ich auch hier bei dem Wort bleiben. Alles andere könnte befremdend wirken.
Wie unterscheiden sich beide?
Im Bewusstsein laufen alle Prozesse ab, auf die Sie sich gerade konzentrieren, mit denen Sie gerade arbeiten, das heißt, Sie machen etwas bewusst. Ihr Bewusstsein übernimmt diese Tätigkeit.
Eine wirklich ganz genaue Definition dieses Wortes gibt es nicht. Wikipedia (*1) bezeichnet es „im weitesten Sinne die erlebbare Existenz mentaler Zustände und Prozesse“.

Dieses Wort hat im allgemeinen Sprachgebrauch eine sehr vielfältige Bedeutung. Unter anderem hat es die Bedeutungen:

- Sich selber bewusst zu sein, wer man ist - das berühmte Selbstbewusstsein.
- Im Bewusstsein liegt die Möglichkeit Dinge zu planen, gezielte Erinnerungen hervorrufen zu können (die Dinge, die wir NICHT vergessen haben), z.B. eine Rechenaufgabe im Kopf lösen.
- Bewusst Handlungen machen. Dinge, die nicht im Automatismus gemacht werden, auf die sich konzentriert werden muss. Wenn diese Dinge z.B. neu erlernt werden und Konzentration dazu benötigt wird, z.B. ein neues Computerprogramm erlernen
- Das was wir in unserem Leben bewusst wahr nehmen, so z.B. der Schmerz.

Einen größeren Teil nimmt das Unterbewusstsein ein. Hier wird alles gesteuert, was unbewusst abläuft. Alles was ohne bewusste Steuerung abläuft (automatisch), aber auch alle Körperprozesse und alle Stoffwechselvorgänge werden vom Unterbewusstsein gesteuert. In diesen Phase übernimmt das Unterbewusstsein die Tätigkeit.
Ein Beispiel hierfür: Die erste Fahrstunde in ihrem Leben. Erinnern Sie sich noch, wie Sie u.U. dachten „das lerne ich nie", denn worauf sie gleichzeitig alles achten mussten: das Lenkrad gerade halten, in den Spiegel zum richtigen Zeitpunkt sehen, erkennen, das beim Einparken alle Richtungen beobachtet werden müssen, usw. usw. Und heute? Sie fahren, ohne auch nur ein bisschen darüber nachzudenken. Sie können neben dem Fahren noch andere Dinge machen, wie z.B. sich unterhalten, Musik hören. Kurz, Sie denken nicht mehr darüber nach. Sie funktionieren aber trotzdem perfekt. In diese Phase hat das Unterbewusstsein die Führung übernommen. Das Bewusstsein hat die „Leitung" an das Unterbewusstsein abgegeben.
Das funktioniert, weil ihr Unterbewusstsein alle Vorgänge abgespeichert hat.
Im Unterbewusstsein werden ALLE Erinnerungen abgespeichert (wie alles abgespeichert wird, erkläre ich Näher im Abschnitt „Weiteres Wissen über unser Denken"). Das Unterbewusstsein ist wie die Festplatte auf einem Computer. Alles wird abgespeichert und alles bleibt erhalten. Manchmal muss man zwar etwas suchen, bevor es wieder gefunden wird, aber dann ist es wieder vorhanden. Auch wenn es „gelöscht" wird, können Computerexperten es wieder zum Vorschein holen. Die Hypnose kann das mit den versteckten Erinnerungen im Unterbewusstsein auch und stellt somit den „Experten dar.
Das Unterbewusstsein ist ab einem gewissen Alter schon im Mutterleib vorhanden, denn auch dort müssen Organsteuerungen geleitet werden. Aus diesem Grund ist es mit der Hypnose möglich frühkindliche Erinnerungen wieder sichtbar zu machen.
Das Bewusstsein entwickelt sich erst in den ersten Lebensjahren, ab ca. 3. bis 4. Lebensjahr. Praktisch ab der Zeit, in der Sie sich bewusst an Ihre Kindheit zurück erinnern können.

Die Trancefähigkeit / Die Trance

Unter diesem Begriff wird die Fähigkeit verstanden, wie tief jemand in die Trance gehen kann.
Diese Fähigkeit, besitzt der Mensch, der hypnotisiert wird, selber – niemand sonst. Je mehr, der Betroffene loslassen und sich entspannen kann, desto schneller und tiefer sinkt er in die Trance.
Die Trance an sich ist ein angenehmer und natürlicher Zustand. Und jeder von uns kennt die Trance tagtäglich. Da sie eine natürliche Fähigkeit in uns selber darstellt.
Es gibt drei unterschiedliche Trancetiefen. Die leichte (Somnolenz), mittlere (Hypotaxie) und tiefe Trance (Somnambulismus). Sie werden oftmals auch einfach nur 1, 2, und 3 genannt.
Die leichte Trancetiefe, also die Trancestufe 1 (Somnolenz; leichte Schläfrigkeit), kennt jeder, aus dem täglichen Leben. Das Bewusstsein ist leicht eingeschränkt, das Unterbewusstsein schon aktiver. Zum Beispiel das intensive Lesen eines Buches, das Tagträumen, das Schauen eines tollen Films usw., führt schon in eine Trance. Dieses passiert immer dann, wenn das äußere Zeitgefühl verloren geht und die Außenwelt „ausgeblendet" wird.
Bei der mittleren Trance, also der Trancestufe 2 (Hypotaxie; hypo – unter, darunter und taxie - Ordnung), sind die Augen geschlossen. Es tritt eine Bewegungsunfähigkeit ein, die nicht durch gezielte Suggestionen erreicht wurde und die als angenehm empfunden wird. Diese Trancetiefe ist von den meisten Menschen leicht zu erreichen. Das Bewusstsein ist deutlicher eingeschränkt. In dieser Phase ist die Erinnerung schon deutlich erhöht. Der Mensch ist mit seinen inneren Bildern beschäftigt. Nebengeräusche werden zwar wahrgenommen, aber nicht mehr bewusst. Nach dem Motto, „man hat es gehört, aber weiß nicht ganz genau, was". Auch hierbei geht das Zeitgefühl verloren, jedoch deutlicher als in der Trancestufe 1. Suggestionen werden gut aufgenommen.
In der tiefen Trance, also der Trancestufe 3 (Somnambulismus von somnus – der Schlaf und ambulare – wandern), der tiefsten Trance, ist das Bewusstsein stark eingeschränkt. Es ist auch die Phase in der es zu Gedächtnislücken (sog. Teilamnesien) kommen kann, ein Großteil wird erinnert. Was für die therapeutische Arbeit wichtig ist, denn nur so kann der Patient Zusammenhänge erkennen und somit Dinge bewusst verändern.

Der Somnambulismus lässt sich am einfachsten als eine Art Mischzustand zwischen Wachzustand und Traumschlaf (sog. REM-Schlaf) erklären.
In diesem Zustand erlebt ein Mensch die Situation als real, wie in einem Traum. Ein Träumender erlebt den Traum als real und ist i.d.R. auch Bestandteil des Traums. Wenn ein Traum aber zu extrem wird (also gegen seinen Willen geht oder zu unangenehm wird), holt sich der Träumende selber aus seinem Traum heraus und wird wach. Auch an solche

Träume können wir uns, zumindest in Bruchstücken, erinnern. So ist es auch im Zustand des Somnambulismus.
Auch in der therapeutischen Arbeit ist dieser Zustand wichtig.
In diesem Zustand geht die Beurteilungsfähigkeit stark zurück (nicht weg) und er akzeptiert Sachverhalte, so wie sie gerade in der Situation sind. Das bedeutet, die Inhalte der Situation werden nicht bewertet, sondern so akzeptiert, wie sie sich gerade darstellen. Die Inhalte werden als real (wie im Traum) angenommen. Das ist besonders wichtig, für die Regression.
In dieser Phase können Dinge wieder hervor gerufen werden, die das Bewusstsein nicht mehr weiß oder auch noch nie wusste, wie z.B. die Lebensphasen, in denen das Bewusstsein noch nicht ausprägt war (Vorgeburt, nach der Geburt bis zum ca. 4. Lebensjahr).
Auch ist dieses ist die Trancetiefe, in der die Reinkarnation bestmöglich ist.
Das ist die Trancetiefe, in die nur wenige Menschen gleich zu Beginn einer Hypnose gleiten können. Je öfters eine Hypnose statt findet oder statt gefunden hat, desto tiefer gleitet der Mensch in die Trance hinein. Das bedeutet, es sind oft mehrere Einleitungen und längere Vertiefungen nötig.

Während jeder der Trance muss der Therapeut darauf achten, dass der Patient nicht zu tief weggleitet, aber auch nicht in einer sehr oberflächlichen Trance bleibt (also sogar noch unter 1). Denn das zu tiefe Weggleiten bedeutet ein hinein Gleiten in den Tiefschlaf. Und im Tiefschlaf, das wissen Sie, ist kein arbeiten möglich, da der Mensch im Tiefschlaf nicht ansprechbar ist. Der Schlaf dient der tiefen Entspannung.
Und die zu leichte Trance, also zu oberflächlich, bedeutet, dass das Bewusstsein zu aktiv bleibt welches dann alle Vorgänge steuert und somit ein tiefes arbeiten im Unterbewusstsein nicht möglich ist.
Ein gut ausgebildeter Therapeut kann die Trancetiefen gut steuern.
Natürlich gibt es immer mal Umstände, wo das nicht möglich ist, dass der Patient tief einschläft, z.B. nach einer Nachtschicht. Hier ist es auch für Therapeuten schwer, dieses zu verhindern. Auch kann durch äußere Umstände es passieren, das ein Patient nicht tief genug in eine Trance gleitet, z.B. nach einer extrem aufregenden Situation (muss nicht negativ sein, kann auch positiv sein, wie die Geburt eines Kindes). Auch das ist natürlich möglich – denn „Gott sei dank“ sind wir Menschen und keine Maschinen, die einfach gesteuert werden können.
Und wenn es doch mal passiert, stellt das somit kein Problem da.
Ein Mensch, der schlecht loslassen kann, wenig Vertrauen hat kann schlecht Anweisungen anderen überlassen. Er möchte „alles“ lieber selber machen, dann weiß er dass es gut ist. Wenn diese Menschen etwas selber in die Hand nehmen, dann wissen sie, was kommt, sind besser auf das Kommende vorbereitet. Wenn andere Menschen für

ihn etwas machen, dann weiß er nicht zu 100 Prozent was das mit sich bringt. Er kann dem Ganzen nicht so richtig vertrauen.
Diese Menschen sind schwer in eine tiefe Trance zu versetzen, sie besitzen eine schlechtere Trancefähigkeit. Eine leichte Trance ist machbar, aber eine ganz tiefe eher schwer. Das heißt nicht, dass es unmöglich ist. Sondern, sollte bei diesen Menschen die Angst vor Kontrollverlust bearbeitet werden, erst der Grund gefunden werden, warum derjenige kein Vertrauen haben kann (was auch mit Hypnose möglich ist). Wenn das im Vorfeld bearbeitet wurde, dann ist auch eine tiefe Trance möglich.

Wie gelange ich in die Trance?
Immer durch die Konzentration auf das, was der Hypnosetherapeut sagt, niemals durch irgendwelche Medikamente oder andere von außen zugeführte Dinge, die das Bewusstsein verändern. Was von außen kommt, sind Stimme von mir (oder einem anderem Hypnotherapeuten), leise und ruhige Musik im Hintergrund und evtl. angenehme Düfte.

Es gibt mehrere Wege in Trance zu gelangen:

Die direkte Methode

Sie wird auch autoritäre Methode genannt. Bei manchen Menschen wird diese Methode so beschrieben, dass alles, was der Hypnotherapeut sagt, als sog. Befehlston gesagt wird. Doch ich sehe das nicht so. Es ist eine direkte Methode, in der genau gesagt wird, was zu tun ist. Aber immer im friedlichen und sehr ruhigen Ton, keinem Befehlston.
Hier dazu einige Beispiele:

„Stell dir nun bitte einen Sandstrand vor. Die Sonne scheint angenehm warm von einem blauen Himmel."
„Und immer wenn ich deine Stirn berühre, schließt du deine Augen und sinkst sofort in tiefe Ruhe hinein, die dann mit jedem Atemzug noch tiefer wird."
„Stell dir nun eine Treppe vor. Eine Treppe mit 10 Stufen hinunter und du stehst oben."
„Und immer ich deine Schulter berühre oder die Worte „wach auf" sage, öffnest du die Augen und befindest dich sofort in einen wohlig angenehmen Zustand."

Die direkte Methode ist mit Ruhe gut einsetzbar. Es werden Anweisungen in sprachlicher Form gegeben. Sie Sätze haben einen bestimmenden Charakter in der Form, dass dem

Patienten direkt gesagt wird, was er machen soll. Unterstützt wird dieses noch von gleichbleibender ruhiger Musik im Hintergrund.
Neben diesen können auch noch leichte Berührungen eingesetzt werden, die immer mit einem gleichbleibenden Satz unterstützt werden.
Besonders gut einsetzbar ist diese Methode, wenn es sich um die erste Trance handelt und bei unsicheren Patienten.
Bei der ersten Trance (Sitzung) eignet sich besonders gut, weil in der Regel der Patient etwas nervös sein kann. Dieser Nervosität kann mit der direkten Methode gut entgegen gewirkt werden. Viele sind nervös, weil sie, trotz Aufklärung, eine gewisse Angespanntheit erleben, auf das was da kommen mag.
Für unschlüssige/unsichere Patienten ist diese Methode ebenfalls besser. Denn mit der direkten Methode gebe ich den Menschen keine große Entscheidungsmöglichkeit, ich gebe die Richtung vor. Für unsichere/unschlüssige Menschen ist das ein gutes Gefühl, denn unsichere/unsichere Menschen haben oftmals das Problem, Entscheidungen zu treffen. Unsichere/unschlüssige Menschen wägen oftmals lange ab, bevor sie sich entscheiden. Sie möchten das Beste aus allem machen. Dieses lange Abwägen, was das Beste denn nun ist, kann sich in einem (gedanklichem) hin und her äußern. Dieses steht dann einer Vertiefung der Trance im Weg.
Des Weiteren kann es sein, dass dieses sich-nicht-Entscheiden können dazu führt, dass der Patient sich selber abwertet, in Form dessen, das er sich für nicht fähig hält, in die Trance zu gehen. Mit der direkten Methode wirke ich dem ganzen entgegen.
Auch ist diese Methode der leichtere Weg bei der Selbsthypnose, also wenn kein „Kommando“ von außen kommt.

Die indirekte Methode

Diese stammt von Milton Erickson. Hierbei kommt eine besonders ruhige Stimmlage zum Tragen. Bei dieser Methode bleibt dem Patienten eine eigene freie Entscheidungsmöglichkeit, weil die Sätze, die gesprochen werden, unter anderem ungenau sind und/oder „kunstvoll Ziellos“ sind. Doch beinhaltet diese Methode noch mehr, wie z.B. das Einbauen von Zitaten, Fragen „versteckt“ mit einzubauen.
Um das ganze etwas verständlicher zu machen, zeige ich hier nun einige meiner erstellten Beispiele, damit verständlich ist, was damit gemeint ist.

„Um noch weiter in die Trance zu gehen, musst du verstehen, dass du verstehen musst, was du unbewusst alles richtig machst. Denn du weißt nicht, ob du bewusst mehr vom dem lernst, was du unbewusst schon immer richtig gemacht hast.“
„Je mehr du dich auf meine Stimme konzentrierst, desto schwerer werden deine Beine.“

„Du kannst frei entscheiden, ob du mit jedem einatmen oder mit jedem ausatmen tiefer in die Trance gehen willst.“
„Und du merkst die Veränderung schon jetzt oder später, aber bestimmt bald.“
„Du hast die Fähigkeit jedes Geräusch was du hörst, dazu zu Nutzen mit diesem Geräusch noch tiefer in die Trance zu gehen.“
„Bevor du weiter in die Trance gehst, mache es dir in deinem inneren bequem.“
„Es ist jetzt nicht wichtig, das du mir weiter zu hörst.“
„Und deine Augen sind schon jetzt viel schwerer sind, als sie es eben noch waren und gleich sein werden.“
„Stell dir einen schönen Ort vor, an dem die Vorstellung vom Schönen, besonders schön ist.“

Diese Beispiele zeigen, dass das alles etwas verwirrt klingen mag. Aber genau diese „Verwirrung“ führt zur weiteren Trancevertiefung und zur Hilfe, der Selbstlösung von Problemen. Denn, wie schon erwähnt, trägt jeder die Lösung in sich selber, denn „der Körper verlernt nie.....“ (Milton Erickson).
Aber all das ist eben für unsichere Menschen nicht greifbar genug und verwirrt sie zu sehr, für andere ist es eher spannend, so „geleitet“ zu werden.

Die Schnelltrance / Die Blitzhypnose

Die Schnellhypnose ähnelt sehr der Blitzhypnose. Sie dient der Einleitung in ganz kurzer Zeit.
Diese Techniken sind besonders aus dem Fernsehen und der Showhypnose bekannt.
Eine bekannte Technik (die auch ich gut kenne) ist die Technik, das eine Hand des Hypnotiseurs hinter den Kopf des Probanden gehalten wird, die andere Hand befindet sich in einen gewissen Abstand etwas oberhalb der Augen, so das der Proband hoch schauen muss. In gleicher Geschwindigkeit bewegt sich die eine Hand auf die Stirn des Probanden zu während sich die hintere Hand weg bewegt. Es werden dazu dann kurze, prägnante Sätze gesprochen, wie z.B.: „Konzentriere dich auf meinen Finger. Du spürst eine Kraft, die dich nach hinten zieht. Wenn mein Finger deine Stirn berührt sage ich „schlaf“.“ Die Hände beginnen sich zu bewegen und der Satz „du spürst die Kraft, die dich nach hinten

zieht“ wird wiederholt. In den Moment wo der Finger die Stirn berührt, wird selbstbewusst „schlaf“ gesagt – der Proband fällt nach hinten.
Doch warum fallen diese Menschen um? Weil, ein Außenstehender in das Energiefeld des Probanden „eingedrungen“ ist. Sie kennen dieses Gefühl. Wir haben alle eine sog. Privatsphäre, die wir auch gewahrt haben wollen. Dieses gilt auch im Bereich, der direkten Nähe. Wenn Ihnen jemand Fremdes zu Nahe steht, dann merken Sie das und empfinden es als unangenehm. Der diskrete Abstand wurde nicht eingehalten. Folge, Sie vergrößern den Abstand. Auch hier greift der Hypnotiseur in diesen diskreten Bereich ein – in das eigene energetische Feld ein. Das bedeutet, der Proband spürt die Hände. Und spürt die Veränderungen der Hände. Besonders von der Hand, die sich hinter dem Probanden befindet und sich weiter entfernt. Er spürt tatsächlich die energetische Kraft, die ihn nach hinten zieht. Er fällt um. Dieser Schreck, führt dann zur weiteren Bewusstseinseinengung, die Einleitung ist abgeschlossen.

Diese Technik ist für den Körper belastend, besonders für den Kreislauf, da es zu einem sehr schnellen Absinken des Kreislaufs kommen kann. Von daher wird diese Technik in der Therapie nur sehr selten zum Einsatz.
Die Trance wird durch das „sich-fallen-lassen“ und den dadurch erlebten Schreck ausgelöst, deshalb nennt sich diese Methode „Fall- und Schrecktechnik“. Dieser Schreck sorgt für die Einengung des Bewusstseins. Der Mensch richtet seine Konzentration auf den Schreck (dass er tatsächlich fällt) und das Fallen. Diese Einengung sorgt dafür, dass die Einleitung abgeschlossen ist.
Für diese Methode benötigt der Patient sehr viel Vertrauen. Wenn dieses nicht gegeben ist, funktioniert diese Methode nicht. Da ich aus der Erfahrung heraus weiß, das Symptome oftmals auch durch ein sog. „Vertrauensproblem“ ausgelöst werden, wäre diese Methode absolut der falsche Weg.
Hier wird das ruhige Hinein gleiten in einer entspannter Körperhaltung bevorzugt. Dieses dient der Gesundheit und dient dem Wohlbefinden des Patienten.

Die Ängste über die Hypnose

Das es diese Ängste in so großem Maße gibt, liegt an der Showhypnose. In der Dinge vermittelt werden, die mit der klinischen Hypnose nichts zu tun haben.

Die Showhypnose dient einzig und allein der Unterhaltung - die klinische Hypnose der Behandlung und Heilung. Allerdings ist die Showhypnose eine „Unterhaltung“ auf Kosten von Menschen.
Eine Unterhaltung die eine Angst auslösen kann, die nicht so der Realität entspricht, was sich durch meine tägliche Arbeit zeigt. Auf die Showhypnose gehe ich im folgenden Kapitel näher ein.

Weiterer Grund, warum Ängste über die Hypnose entstehen: Die Hypnose ist ein sehr effektives Mittel um Dinge zu verändern und zu heilen. Und natürlich können durch Hypnose Dinge verschlimmert werden, aber nicht weil Hypnose eine Waffe ist, sondern weil der Hypnosetherapeut (mit schlechter oder zu kurzer Ausbildung) nicht richtig mit den aufgedeckten Dingen umgehen kann. Das heißt u. U. den Menschen die benötige Begleitung und Unterstützung nicht geben können.
Denn, wie gesagt, die Grundtechnik lässt sich sehr schnell erlernen. Das ist aber nicht das wichtigste, sondern das Tiefgehende ist wichtig. Was nützt mir eine Technik, wenn ich nicht damit umgehen kann.
So ist es auch mit der Hypnoseausbildung – je intensiver eine Ausbildung, desto länger dauert sie.......
Die klinische Hypnose ist nichts Magisches, nichts Mystisches und es kann von jedem erlernt werden und stellt eine absolute Natürlichkeit da.

Die Showhypnose

Die Showhypnose, das sagt das Wort schon, dient der Unterhaltung, der Show. Über das Niveau dieser Art von Shows, möchte ich mich nicht tiefgehender äußern, denn das empfindet jeder Mensch anders.
Durch die Showhypnose werden, noch immer, Ängste und Sorgen aufrechterhalten. Sie werden aufrechterhalten, weil sie die Show spannend machen.

In der Showhypnose, wird auch durch die gezielte Wortwahl des Showhypnotiseurs, nicht nur hypnotisiert, sonder auch psychologisch manipuliert. Dieses hat jedoch nichts mit der Hypnose zu tun, wie ich durch meine jahrelange Arbeit mit der Hypnose weiß. Denn in einer Ausbildung zum Hypnosetherapeuten wird auch die Technik der Showhypnose gelehrt. Sie wird gelehrt, um zu zeigen, dass es Unterschiede zwischen der Showhypnose und der Hypnose zum Heilen gibt. Auch ich kenne diese Technik und weiß somit, wie sie funktioniert und was daran Show ist.
Der Showhypnotiseur vermittelt eine Macht über den Menschen und mit dieser Macht betreibt er seine „Spiele". Er vermittelt das Gefühl, das er eine magische, mystische und besondere Fähigkeit besitzt. Doch hat der Hypnotiseur nur das „Werkzeug" das er anwendet und somit weiß, was er machen muss. Doch die wirkliche Tiefe der Trance, liegt einzig und allein am Probanden (also auch an Ihnen) selber, nicht am Showhypnotiseur.
In die Tranceeinleitung gelangt der Proband über die sog. Blitzhypnose.
Bei der Blitzhypnose wird eine Technik angewandt, die eine hypnotische Trance in wenigen Sekunden erzeugt.
Der Hypnotiseur sagt ein paar Worte, schnippt vielleicht in die Finger oder tippt kurz an die Stirn – und die Menschen befinden sich in der Trance. So sieht es für den Zuschauer aus.
Die Technik der Blitzhypnose ist jedoch nur eine Einleitungsmethode, die Vertiefung (=Techniken die tiefer in die Trance führen) erfolgt danach. Doch glaubt der Zuschauer, dass der Proband sich sofort in der tiefsten Trance befindet. Doch es folgt, wie eben gesagt, eine Vertiefung, die durch eine gezielte Reihenfolge von Techniken erreicht wird.
Doch warum vermittelt der Showhypnotiseur dieses alles so? Das hat einen simplen Grund, er möchte seine Show spannend halten.
Die Showhypnose funktioniert, birgt aber auch einige Risiken, denn die Blitzhypnosetechnik ist für das Herz-Kreislaufsystem belastend und stellt somit ein nicht kalkulierbares Risiko dar.
Ich möchte kurz erklären, wie es funktioniert.
Schon vor der eigentlichen Einleitung (der Blitzhypnose), benutzt der Showhypnotiseur in seiner Wortwahl, die direkte, autoritäre Methode. Wobei die Wortwahl wirklich einem „Befehlston" entspricht (mein Dozent sagte mal dazu „Widerspruch zwecklos"). Durch diese Autorität erlebt der Proband ein Gefühl, „Willenlosigkeit".
Eine Patientin von mir, hat auch schon mal eine Showhypnose mit erlebt und sagte dazu: „der Mann hatte eine Auftreten, das es mir glatt die Luft weg nahm. Und wenn der zu mir gesagt hätte 1+1 ist 3, hätte ich echt angefangen zu überlegen." Diese Aussage zeigt, wie Selbstbewusst diese Menschen auftreten. Dieses selbstbewusste Auftreten, lässt keine Zweifel zu: das was dieser Mann sagt, wird auch so eintreten.
Dann kommt die die Einleitung in Form der Blitzhypnose.

Danach erfolgt die Vertiefung, da der sofortige Somnambulismus sehr selten sofort erreicht wird. Nur etwa 10 bis 15 Prozent aller Menschen gleiten direkt, ohne weitere

Vertiefung, in den Somnambulismus. Diese weitere Vertiefung erfolgt, geschickt vom Hypnotiseur verpackt, dann durch weitere Handlungen die er mit dem Probanden macht. Der Hypnotiseur nutzt hierzu einer Mischung aus Trance und einer regelmäßigen Unterbrechung der Trance (Fraktionierung genannt). Die Fraktionierung ist eine gute Methode, eine Trance zu vertiefen. Er bedient sich dabei einer Struktur, die genau auf das Ziel seiner eigentlichen Show hinarbeitet – es ist also alles gut durchdacht, was und in welcher Reihenfolge der Hypnotiseur da macht, um eben die Trancetiefe zu steigern.
Für den außenstehenden Laien ist all das nicht erkennbar. Er kann diese Strategie nicht erkennen. Derjenige, der sich mit Hypnose jedoch auskennt, erkennt die kontinuierliche Steigerung der Trance. Beim Zuschauer sieht es jedoch so aus, als sei der Proband seit Beginn der Hypnose in dieser tiefen Trance.
Es dient der Unterhaltung und ist somit eine Show, mit den passenden Showeinlagen.

Wenn sich der Proband nicht fallen lassen kann, weil er vielleicht Kontrollverlustangst hat oder zu wenig Vertrauen, dann funktioniert diese Technik nicht.
Mit solchen Probanden wird er dann auch keine „Spielchen“ machen und machen können.
Dese Menschen werden nur in einer leichten Trance im Hintergrund bleiben.
Wenn sie mal so eine Showhypnose sehen, dann werden sie sehen, dass er tatsächlich mehrere Menschen in Trance versetzt, aber seine Vorführung nur mit zwei oder drei Menschen macht. Die anderen bleiben einfach im Hintergrund sitzen. Weil eben diese Menschen (wie die meisten) nicht auf Anhieb in die tiefste Trance gleiten können oder sich nicht auf die Blitzeinleitung einlassen konnten.

Weiter werden durch die Showhypnose einige Aussagen getroffen, die ich hier ansprechen möchte:

Die Kontrolle zu verlieren

Durch die Showhypnose und auch durch Filme wird oftmals das Gefühl geschürt, dass man im hypnotischen Zustand die Kontrolle über sich verliert und Dinge macht, die man eigentlich gar nicht machen möchte oder Dinge erzählt, die man nicht erzählen möchte.
Nein, durch meine langjährige Arbeit weiß ich, die Kontrolle bleibt bei einem selber. Es wird z.B. nichts erzählt, was nicht erzählt werden will.
Das was dabei erreicht wird, das die eigene Hemmschwelle herab gesetzt wird, jedoch nicht die Kontrolle! Auf eine Erzählung gesehen, bedeutet das, über den Inhalt (was

erzählt wird) die Kontrolle bleibt, jedoch wird die Hemmschwelle herabgesetzt, wie es erzählt wird. Es wird nicht so sehr auf die Wortwahl geachtet.
Lassen Sie mich das kurz erklären: Nehmen wir das Beispiel, das jemand (nennen wir ihn Herr X) sich über eine andere Person richtig geärgert hat, so das er gar wütend über diese Person ist. Nun sitzt Herr X einer anderen Person gegenüber und soll über diese ihn wütend machende Person reden. Doch sein Anstand lässt wütende oder gar beschimpfende Worte nicht zu.
In der Trance ist die Hemmschwelle, wie gesagt herab gesetzt. So ist er nun eher bereit die wahren Emotionen, die in dieser Wut liegen, raus zu lassen.
Das gilt natürlich auch für Showeinlagen.
Was eben die besondere Effektivität der Hypnose ausmacht.
Aber auch hier gilt, wenn jemand das absolut nicht möchte, dann wird er auch diese „Wutemotionen" nicht erzählen, also raus lassen.
Die Kontrolle bleibt.

Ein willenloses Opfer zu sein

Eine große Angst ist immer noch, ein willenloses Opfer zu werden. Auch das wird geschürt, von der Showhypnose bzw. von Spielfilmen. Denn dort wird oftmals gezeigt, dass absolut unschuldige zu bösen Tätern werden oder auf der Bühne Dinge machen, die sonst nie jemand machen würde.
Zu diesem Gefühl, kommt es durch mehrere Umstände:
1. Die Menschen die während einer Showhypnose auf der Bühne stehen, stehen dort freiwillig. Die wollen das mitmachen, die wollen da oben auf die Bühne, im Rampenlicht stehen.
Menschen, die im Publikum bleiben und sich nicht gemeldet haben und auch nicht melden würden, verknüpfen in diesem Moment nicht, das die anderen auf der Bühne dieses bewusst wollen. Sie übertragen das eigene „nicht-mitmachen-wollen", auf alle anderen Menschen. Dadurch entsteht u.a. auch, das Gefühl das alle dort auf der Bühne willenlos werden.
2. Auch durch das starke Selbstvertrauen, was der Hypnotiseur ausstrahlt, sorgt für ein Machtgefüge. Er stellt sich dadurch als der „Machtvolle" da.
Jeder von den, oben stehenden, Probanden ist nervös und gleichzeitig in dem Willen, das alles gut funktioniert. Diese Menschen möchten, das alles klappt und spaß macht. Und

nun, sagt der Hypnotiseur, das sich niemand hinterher erinner kann oder ähnliches. Durch diese Aussagen entsteht beim Probanden, das Gefühl, dass z.B. das Fehlen der Erinnerung ein Zeichen dafür ist, das die Hypnose „funktioniert" hat. Und da die Probanden gefallen möchten und mit positiven Erfolg aus dieser Show gehen möchten, reagieren die mit der logischen Konsequenz: er sagt, er kann sich nicht erinnern, obwohl er das kann!

Und das, weiß ich zu 100 Prozent! Denn in meinem jugendlichen Alter habe ich bei einer Showhypnose teilgenommen. Ich erlitt danach einen Kreislaufkollaps, der Gott sei Dank nur harmlos war. Aber trotz allem das es mir nicht gut ging, behauptete auch ich, wie alle anderen, dass ich mich nicht erinnern kann. Selbst meinen Freunden/Freundinnen gegenüber ließ ich diese Behauptung bestehen.

Warum ich das tat? Aus zwei Gründen: 1. Ich hatte wirklich das Gefühl, ich wäre zu „dumm" gewesen. Ich wäre selber Schuld, ich habe etwas falsch gemacht. Und deswegen dass funktionierte „es" nicht richtig. Durch dieses Gefühl entstand ein Schamgefühl in mir. Ich habe mich geschämt. Ich wollte mich nicht bloß stellen, also schwieg ich. Und 2. Der Gruppendruck. Alle sagten, dass sie sich nicht erinnern konnten und der Hypnotiseur sagte das im Vorfeld ja auch, also konnte ich kaum anders.

Auch Sie kennen diesen Druck. Stellen Sie sich eine Gruppe von beispielsweise 10 Menschen vor und alle sagen „ja" zu einer Sache. Sagen sie dann bitte mal, gegen all die anderen „nein". Das ist schwer, nicht unmöglich, aber schwer. Hier sind es aber dann nicht „nur" 10 Menschen, sondern zusätzlich auch noch der machtvolle Hypnotiseur (zu dem ich aufschaue) und das Publikum. Der Druck ist sehr groß.

Wenn wirklich jeder zu einem willenlosen Opfer gemacht werden könnte, wäre Hypnose eine Waffe, die undenkbar wäre. Ich sage, Gott sei Dank geht das nicht. Stellen Sie sich nur mal vor, was dann auf der Erde los wäre. Geheimdienste würden sich das mit Sicherheit, zu Nutzen machen. Auch korrupte Menschen würden sich die Hypnose dann als Waffe zu Nutzen machen – praktisch alle die skrupellos genug sind, um anderen Menschen zu missbrauchen.......

Haben Sie davon schon gehört? Wohl eher nicht.

Okay, Sie werden jetzt sicherlich an die Selbstmordattentäter denken, da stellt sich evtl. das Gefühl ein das diese Menschen hypnotisiert sind. Sie sind, so vermute ich, schon in einer Trance, wie wir uns alle in eine Trance begeben, wenn wir etwas ganz konzentriert machen. Diese Trance ist jedoch nicht erreicht worden, weil sie zu willenlosen Opfern gemacht wurden und nicht durch Hypnose, sondern, weil sie entweder von klein auf an dazu gedrillt wurden oder weil die sich selber dazu entschieden haben, das zu tun.

Wenn wirklich jeder zum willenlosen Opfer wird, könnte jeder Hypnotiseur/Hypnosetherapeut, der es gelernt hat und natürlich auch ich, einen Menschen hypnotisieren, um ihn dann für kriminelle Geschehen (z.B. eine Bank überfallen) zu missbrauchen

Jeder Nachbar könnte seinen Nachbarn hypnotisieren, um ihn dann zu Dingen zu bewegen, die er sonst nicht machen möchte.
Oder sonst irgendwas.
Da Hypnose ja schon sehr alt ist, wäre das Chaos auf der Welt schon ewig lange vorhanden. Doch unsere Welt weißt dies Art von Chaos nicht auf, weil die absolute Willenlosigkeit, durch Hypnose nicht erreicht werden kann – Gott sein dank.

Gedächtnisverlust durch die hypnotische Trance

Wie schon erwähnt ist die absolute Auslöschung der Erinnerung nicht möglich. Wenn diese Auslöschung der Erinnerung wirklich möglich wäre, so hätte die Öffentlichkeit schon öfters darüber etwas gehört und zwar negativ. Negativ aus dem Grunde, weil die Möglichkeit Erinnerungen auszuschlössen mit Sicherheit missbraucht worden wäre und weil es zu Traumatas führen würde. Stellen Sie sich nur mal vor, jemand könnte Ihnen Ihre Erinnerung löschen und Sie wüssten nicht, was Sie in dieser Zeit getan haben oder was man mit Ihnen gemacht hat. Das führt zu evtl. sogar schweren Traumatas, besonders bei labilen Menschen.
In der ganz tiefen Tranceform, dem Somnambulismus, sind Gedächtnislücken sehr wohl möglich. Diese Teilamnesien sind nicht selten.
Diese Amnesien werden in der Regel nicht als störend empfunden.
Wenn sich in dieser Trance jedoch etwas ereignen sollte, was sich gegen den eigenen Willen richtet, setzt sofort das eigene Bewusstsein ein und somit ist die Erinnerung wieder vorhanden.

Doch nun noch einmal zu Erinnerung: Es kann sein, das Teilstücke der Erinnerung fehlen. Der Großteil der Erinnerung bleibt!

Im hypnotischen Zustand „gefangen“ zu bleiben

Auch das ist eine Sorge, die ich immer noch als Frage gestellt bekomme: „Was passiert mit mir, wenn Ihnen z.B. etwas passiert?“ Oder „Kann ich in der Hypnose gefangen bleiben?“ „Was ist wenn ich nicht mehr wach werde?“

Dazu sage ich immer, „selbst mich ein Blitz treffen würde und ich es schaffen würde leise (!) vom Stuhl zu fallen, denn Lautstärke sorgt für einen Schreck, der jeden in Trance liegenden wieder wach macht, dann würden sie in einen kurzen Tiefschlaf übergleiten, der ca. 20-30 Minuten anhält, würden dann gut erholt wach werden, würden mich am Boden liegen sehen und wären dann vielleicht so nett noch einen Krankenwagen zu rufen."
Scherz beiseite. Dieses passiert nicht und niemand kann in der Trance gefangen bleiben. Je tiefer die Trance, desto kleiner ist die Spanne zum Schlafen. Das heißt, dass derjenige tief einschlafen würde. Wie lange dann tatsächlich dieser Schlaf dauert, liegt am momentanen Schlafbedürfnis des eigenen Körper, ein normal ausgeruhter Körper gleitet in diese eben erwähnten 20-30 Minuten.
Auch durch die Selbsthypnose nicht, auch hier wäre die Folge der Tiefschlaf.
In der Fremdhypnose, kann es sehr wohl sein, das jemand nicht zurück, in das Hier un Jetzt, kommen möchte, weil es dort wo er gerade ist, so schön ist oder warum auch immer. Dann würde u.U. eine Suggestion gegeben, das dieses schöne Gefühl auch nach der Hypnose beim Patienten erhalten bleibt. Oder aber, wenn nötig, wird genau weiter „geschaut" wieso der Patient nicht in die reale Welt zurück kommen möchte.
Unter Umständen ist es möglich, das z.B. eine Suggestion, oder die Katalepsie (s. U.) nicht oder nicht vollständig zurück genommen wurde (ein nicht seltener Anfängerfehler). Da bedeutet, dass dann diese Suggestion oder Katalepsie auch nach der Hypnose noch bestehen bleibt. Doch birgt das keine Gefahr. Ein guter Therapeut kann völlig sorgenlos damit umgehen und alles wieder aufheben.

Auch höre ich oft die sorgenvolle Frage: „Was passiert mit mir, wenn da etwas hoch kommt, von dem ich nichts mehr weiß?"
Das ist tatsächlich sehr sensibel zu betrachten. Ich gehe im Abschnitt „Wie finde ich einen guten Therapeuten" noch intensiver darauf ein.
Denn ja, das kann passieren, dass absolut verdrängte Ereignisse aufgedeckt werden. Wer wirklich tief in die Trance geht, der erlebt eben auch Phasen seines Lebens, die er bisher verdrängt hatte und auch Phasen, bevor das Bewusstsein völlig ausgeprägt war. Und natürlich können auch in diesen Lebensphasen schon Traumata erlebt worden sein, die nun plötzlich aufgedeckt werden.
Aber genau das ist ja das Ziel einer Behandlung. Dinge sichtbar zu machen, die sonst unsichtbar blieben. Denn diese versteckten Ereignisse führten u.U. als Hauptgrund oder zu mindestens als zusätzlicher Grund zu den Symptomen, die der Patient hat und weswegen er sich in eine Behandlung begibt. Wenn es nun sichtbar ist, kann es endlich bearbeitet werden.
Natürlich muss ein Patient dann gut vom Therapeuten aufgefangen werden, damit die Bearbeitung der Ereignisse auch gut möglich ist.
Wenn sich tatsächlich herausstellen sollte, dass ein Patient momentan nicht in der Lage ist, das aufgedeckte Traumata zu verarbeiten, dann wird eine gezielte Teilamnesie

ausgelöst. Das bedeutet der Patient kann sich hinterher an alles erinnern, nur nicht an dieses aufgedeckte Ereignis. Wenn sich durch weitere Sitzungen die Stabilität des Patienten zeigt, wird die Erinnerung wieder geweckt, um es dann weiter zu bearbeiten. Das Einsetzen der gezielten Teilamnesien, ist nach meiner Erfahrung sehr selten. Das direkte weiter bearbeiten und gute Auffangen des Patienten durch den Therapeuten ist häufiger.

Wie gelange ich in die Hypnose

Immer durch das, was der Hypnosetherapeut ihnen sagt. Niemals durch die Einnahme von Medikamenten o.ä. Im Gegenteil; Medikament und Alkohol können sich eher negativ auswirken.
Eine Hypnosesitzung setzt sich immer aus drei Teilen zusammen, der Einleitung, dem Hauptteil, der Ausleitung. Wobei zu jeder Sitzung ein Vor- und ein Nachgespräch gehört.

Die Einleitung

In der Einleitung geht es darum, das Bewusstsein zu verengen. Auch hier sind natürlich unterschiedliche Wege möglich. Standardmäßig ist es die Fokussierung eines Punktes, das Beobachten eines Pendels (oder bewegenden Punktes) und eine evtl. leichte Berührung.
Das Anleitungsverfahren ist bei jeden Hypnosetherapeuten anders, jeder entwickelt seine eigene Einleitung. Hier stelle ich ihnen meine vor, mit der ich seit vielen Jahren sehr gut arbeite.

Die Einleitung hat in den ersten drei Sitzungen eine unterschiedliche Länge. Das hat mit der sog. Konditionierung (Erlernung von Reiz-Reaktions-Mustern) zu tun. Der Körper lernt, wie er auf einen bestimmten Reiz von außen reagiert. Dieses Lernen benötigt etwa 3 Sitzungen und wird unter anderem mit der Fraktionierung (Unterbrechung der Hypnose) erreicht. Die Fraktionierung ist ein wichtiges Hilfsmittel für Hypnosetherapeuten, um u.a. die Trance zu vertiefen.

Ich verwende zur Einleitung die Fixation eines Punktes, die leichte Berührung der Stirn (dem sog. dritten Auge) und die Fraktionierung. Das führt dazu, dass ich ab ca. der 4. Sitzung nur noch die Stirn mit dazu gehörigem Satz sagen, bzw. machen muss und die Einleitung ist abgeschlossen.
Zur eben genannten „Stirnberührung“: Diese Berührung wird vom Körper konditioniert (das Erlernen von Reiz-Reaktions-Muster), das heißt, der Körper verbindet die körperliche Berührung (den Reiz) mit der dazugehörigen Reaktion. Er hat „praktisch gelernt“, was er machen soll, wenn er den indirekten Befehl dazu bekommt. Natürlich braucht der Körper eine Lernphase, die er durch die Wiederholung bekommt. Und wenn der Körper gelernt hat, braucht er nur noch den Reiz und reagiert darauf.
Diese Stirnübung ist auch in der Selbsthypnose machbar. Auch da muss eine Lernphase eingebracht werden. Wenn Ihr Körper es dann konditioniert hat, brauchen Sie sich nur noch die Stirn berühren und auch hier ist somit die Einleitung abgeschlossen. Wie das für Sie funktioniert, lesen Sie im Kapitel „Selbsthypnose – mit Text zur Selbsthypnose“.

Eine weitere Einleitungstechnik ist Schnell- bzw. Blitzhypnose, die ich im Vorfeld genauer erklärt habe und somit hier nicht weiter erkläre. Ich nenne sie, weil es eine Einleitungstechnik darstellt und somit nicht ausgeschlossen werden sollte.

Die Vertiefung

Die Vertiefung kann durch die indirekte oder die direkte Methode erreicht werden. Wobei es häufig zu einer Mischung aus beidem kommt. Für welche Methode ich mich entscheide, hängt, vom Typus des Patienten ab. Wobei bei der Selbsthypnose und gerade am Anfang von Behandlungen die direkte Methode die einfachere ist.
Auch in der Vertiefung wird die Körperberührung eingesetzt, um die Konditionierung weiter zu verfestigen und gleichzeitig die Trance weiter zu vertiefen.
Dazu verwende ich gerne die Vertiefung die Möglichkeiten: „die Treppe“, „der Wassertropfen“ oder die Stoffpuppe“.

Bei der Selbsthypnose, ist der Text der „Stoffpuppe“ am leichtesten umzusetzen. Die dazugehörigen Texte finden sie im Kapitel „Die Selbsthypnose, mit Text zur Selbsthypnose“. Welchen Vertiefungstext Ihnen am besten gefällt, entscheiden Sie selber für sich. Sie haben die Möglichkeit alle drei Vertiefungen auszuprobieren, um sich dann für die zu entscheiden, die Ihnen persönlich am besten gefällt.

Ein weiterer Punkt der Vertiefung ist die sog. Öffnung des Unterbewusstseins.
Das Unterbewusstsein wird durch visuelle Vorstellung geöffnet. Das heißt, es wird dem Patienten die Vorstellung gegeben, dass sich sein Unterbewusstsein öffnet und sein Bewusstsein tiefer in die Ruhe gleitet. Dadurch wird das Unterbewusstsein aktiver und das Bewusstsein inaktiver. Das Öffnen des Unterbewusstseins ist gleichzeitig eine weitere Vertiefung und zwar eine Vertiefung, tief ins eigene Ich. Der Fokus geht immer mehr ins tiefe eigene Ich.
Diese Phase ist nicht zwingend nötig, erleichtert aber, auch für den Patienten, das Arbeiten. Denn das Unterbewusstsein hat seine eigene Aktivität, die angeregt werden sollte.

Danach gibt es Möglichkeiten die Tiefe der Trance zu erkennen. Das ist sehr interessant für beide Seiten. Für den Therapeuten, weil er damit erkennt, in welcher Trancetiefe sich der Patient befindet. Und für den Patienten, weil er dadurch die eigene Aktivität seines Unterbewusstseins erkennt. Das ist für den Patienten immer wieder eine sehr faszinierende Angelegenheit. Denn hier erlebt der Patient Veränderungen und/oder Bewegungen an seinem eigenen Körper, von denen er selber das Gefühl hat, diese nicht selber gesteuert zu haben.

Möglichkeiten hierfür sind:

Die Levitation

Dieses Wort wird eigentlich als "das physikalisch unerklärbare freie Schweben einer Person oder eines Objekts" (*2 Wikipedia) definiert. In der klinischen Hypnose wird mit dem Schweben jedoch nur der Arm gemeint.
Durch die Visualisierung und unter Hilfe des Unterbewusstseins beginnt der Arm langsam zu schweben (heben). Schweben bedeutet in diesem Fall, das der vorher liegende gesamte Arm nun beginnt, (i.d.R. Hand und Unterarm, bis zum Ellenbogen) hinauf zu steigen. Das bedeutet, der Oberarm bleibt liegen, der Unterarm beginnt langsam Richtung rechten Winkel hoch zu steigen.

Dieses wird erreicht durch eine bestimmte Vorgabe von Text und Zeit, denn das ganze ist äußert selten in ganz kurzer Zeit erreichbar – aber gut erreichbar.
In der Art, wie sich ein Arm nach oben bewegt, kann der Hypnosetherapeuten erkennen, in welcher Trancetiefe sich der Patient befindet.
In der Levitation geht es um die intensive Vorstellung, dass der eigene Arm von Luftballons nach oben gezogen wird. Es ist die reine Gedankenkraft den Arm durch die Luftballons schweben zu lassen. Salopp gesagt, der Arm hebt sich wegen der Ballons – die es in der Realität nicht gibt. Es ist die Kraft des Unterbewusstseins, die den Arm steigen lässt, also ohne willentliches Zutun. Für den Patienten fühlt sich dieses Heben an, als sei der Arm „fremdgesteuert“ gewesen. Dieses „fremdgesteuert“ fühlt sich für den Patienten angenehm leicht an. Der Patient ist im Stande den Arm über einen längeren Zeitraum in dieser Position zu halten, ganz leicht zu halten. Im Wachbewusstsein würde dieser Arm unangenehm schwer werden. In der Trance fühlt der Patient diese Schwere nicht, weil die Trance, wie eine leichte Betäubung wirkt, die dieses unangenehme Gefühl unterdrückt.
Es funktioniert durch das Gesetzt der Ideomotorik. Dieses Gesetzt besagt, dass das Sehen bzw. nur Denken an bestimmte Bewegungen, genau diese Bewegungen dann auch tatsächlich auslöst. Nach diesem Prinzip funktioniert auch das berühmt, berüchtigte „Auspendeln“ von Fragen oder Handlungen. Oder das automatische „Mitschunkeln“ beim Zusehen, wenn andere Menschen zu einer Musik schunkeln. Die reine Vorstellung, wird vom Körper, nach einer gewissen Zeit, in eine reale Handlung umgewandelt. Auch Milton Erickson's Wunsch wieder aus dem Fenster schauen zu wollen, beruhte auf dem ideomotorischem Gesetzt.

Die Katalepsie

Dieses Wort stammt aus dem griechischen und bedeutet „Festhalten“. Mit Festhalten, ist das Festhalten an eine Position gemeint. Die bekannteste Katalepsie ist die, Armkatalepsie. Sie kann zusätzlich zur Levitation oder einzeln für sich angewendet werden.
In dieser Form, wird beim Patienten die Vorstellung erweckt, dass sein Arm steif und hart wie ein Brett ist.
Bekannt ist sicherlich die kataleptische Starre. Hier wird eine „Ganzkörperstarre“ erzeugt. Bewiesen dass der Körper sich in einer kompletten Starre befindet, wird oftmals dadurch,

dass der kataleptische Körper auf zwei Stühle gelegt wird. Die Auflagepunkte sind nur der Kopf und die Füße. Der Rest „liegt“ frei in der Luft. Da diese Starre jedoch sehr große Verletzungsgefahr birgt, wird sie nur noch sehr selten gezeigt und ohne detaillierte Vorinformation gar nicht gemacht werden, finde ich.
Die Katalepsie funktioniert, wie auch die Levitation, aufgrund des ideomotorischen Gesetzes.

Wichtig! Jede Suggestion (außer posthypnotische Suggestionen, die die also nach der Hypnose bestehen bleiben sollen oder müssen), wie auch die Katalepsie oder auch die Levitation MUSS vom Therapeuten wieder aufgelöst werden. Das heißt, der Arm wird durch weitere Suggestion, an das Unterbewusstsein, wieder locker, leicht und beweglich und sinkt somit wieder in die Ausgangsstellung zurück. Ansonsten kann es passieren, dass diese Suggestion auch über dem Hypnoseende bestehen bleibt. Das ist zwar ungefährlich, macht aber Angst und mindert das Vertrauen in den Therapeuten.

Die Seelenreinigung

Auch die Seelenreinigung hat als Funktionsgrundlage das ideomotorische Gesetzt.
Die Seelenreinigung wird oftmals auch als „Loslassen“, „Innere Reinigung“ oder „Sammeln und loslassen“ genannt. Im Grundprinzip, bedeuten alle Bezeichnungen dasselbe und erzeugen eine Art „inneren Frühjahrputz“.
Die Seelenreinigung kann zur Trancevertiefung oder auch als alleinige Sitzung benutzt werden.
Hier geht es darum, dass der Seele erlaubt wird, sich von Negativen zu befreien. Dinge, von denen der Patient u.U. gar nichts bewusst weiß.
Dieses Negative „fließt“ dann in die Hände ab, wobei die Hände des Patienten, durch den Therapeuten, eine andere Stellung bekommen haben. Die Arme liegen ausgestreckt mit den Handflächen nach oben zeigend.
Es wird dem Unterbewusstsein nun Zeit gegeben (dauert ebenfalls seine Zeit) alles abfließen zu sein. Dann wird das Unterbewusstsein aktiv und lässt die Hände selbstständig drehen, damit der „Inhalt“, weg geschüttet werden kann.
Auch hier, lässt sich an der Art, wie sich die Hände drehen, für den Hypnosetherapeuten erkennen, wie tief derjenige in Trance ist und ob er wirklich vom Unterbewusstsein gesteuert wird oder alles bewusst geschehen lässt.

Egal welche Art genommen wird. Wenn die Trance so tief ist, dass das Unterbewusstsein die Steuerung übernommen hat, sind im Anschluss die Patienten sehr positiv überrascht, weil sie wirklich spüren, das nicht sie selber ihre Hände/Arm gesteuert haben, sondern „etwas“ in ihnen, viele Patienten benutzten bei mir in der Praxis die Aussage „wie fremdgesteuert“.
Das ist sehr von Vorteil, denn so hat der Patient nun einen Beweis, dass es die Aktivität des Unterbewusstseins tatsächlich gibt. Denn i.d.R. wird zwar viel vom Unterbewusstsein geredet, doch das klingt alles theoretisch. Hiermit wird es wirklich und praktisch.

Die Levitation, die Katalepsie und die Seelenreinigung sind nur in Begleitung des Hypnosetherapeuten möglich. Das ist besonders bei der Seelenreinigung schade, da dieses eine sehr effektive Sitzung darstellt.
Wenn sich bei der Levitation, Katalepsie und der Seelenreinigung erkennen lässt, dass der Patient nicht wirklich vom Unterbewusstsein gesteuert wird, bedeutet das, dass er noch nicht tief genug in der Trance ist. Das wiederrum bedeutet, dass die Vertiefung weiter geführt werden muss, ein bisschen Übung fehlt oder ein Widerstand vor herrscht. Letzteres bedeutet, das der Patient nicht so weit in die tiefe Trance gehen kann weil vielleicht eine Angst vor Kontrollverlust o.ä. vorliegt. Dieses müsste dann gesondert bearbeitet werden. Nach dieser Aufarbeitung würde auch dieser Patient in die tiefere Trance gleiten können.

Hier ist dann die Vertiefung abgeschlossen und es geht mit dem Hauptteil weiter.

Der Hauptteil

Hier geht es nun um das eigentliche Arbeiten. In dieser Phase wird nun vom Therapeuten entschieden, was gemacht wird:
Die Suggestion (siehe Seite 40)
Die Regression (siehe Seite 89)

Der Hauptteil ist natürlich der wichtigste Teil einer Hypnosesitzung. Deshalb widme ich jedem der aufgeführten Möglichkeiten ein eigenes Kapitel.

Die Ausleitung

Die Ausleitung ist ein langsames bis 5 zählen, mit den dazugehörenden „Kommandos", wieder ins Wachbewusstsein zurück zu kehren. Das muss tatsächlich langsam sein, damit der Kreislauf, der Blutdruck die Möglichkeit haben, sich wieder zu normalisieren, denn in einem Trancezustand (wie beim Schlafen auch) ist der Körper entspannt, was immer zu einer Entspannung des Kreislaufs führt und dieser somit absinkt.
Wenn jemand nicht aus der Trance heraus möchte, dann wird die Trance wieder eingeleitet und der Grund des Verbleibens bearbeitet. Dann wird die Ausleitung wiederholt.
Den Text hierzu finden sie im Kapitel „Die Selbsthypnose, mit Text zur Selbsthypnose"

Was ist Selbsthypnose, was ist Fremdhypnose?

Wie es die beiden Wörter schon verraten, handelt es sich bei der Selbsthypnose um eine selbst eingeleitete Trance, bei der Fremdhypnose wird dieses von außen, durch den Therapeuten, gesteuert.
Bei der Selbsthypnose bedarf es etwas Übung, da auch die dazugehörigen Texte auswendig gekonnt sein sollten. Besonders ist dies wichtig für die Einleitung. Wenn jedoch die Texte der Einleitung gekonnt werden, kommt die Individualität zum Vorschein. Das bedeutet, dass dann nicht mehr jeder Text auswendig gekonnt werden muss, sondern, dass die eigene Individualität den Textinhalt steuert. Sie werden sich Inhaltsausschnitte

aus den Texten zu nutze machen, die genau für die passend sind oder sie werden sich gar eigene Texte schreiben.
Ich möchte Ihnen hier, in diesem Buch, die Möglichkeiten aufzeigen, wie Sie die Selbsthypnose gut für sich selber nutzen können. Besonders im Abschnitt „Suggestionen“ und „Die Selbsthypnose, mit Text zur Selbsthypnose“ werde ich Beispiele anbringen. Die Selbsthypnose dient nicht nur der „einfachen“ Ruhe, damit wäre sie völlig unterschätzt. Sie dient auch der Selbstverwirklichung der eignen Ziele (siehe Abschnitt Time-Line), der Selbstheilung, der Selbstwertstärkung und vielem mehr.

Wie „greift“ die Hypnose in unser Gehirn?

Ich habe bewusst das Wort „greift“ gewählt, denn auch dort liegt noch immer eine Angst der Menschen. Es wird mit diesem Wort verdeutlicht, das eben der Anschein erweckt wird oder werden könnte, das in unserem Gehirn durch die Hypnose etwas geschieht, worauf wir keinen Einfluss haben.
Wenn wir dieses Wort schon stehen lassen, dann bitte positiv. Es ist gut, dass die Hypnose greift – damit positive Veränderungen/ Ziele auch erreicht werden. Denn wenn sie nicht „greifen“ würde, wäre sie ja nutzlos...........
Um die Funktionsweise zu verstehen, müssen wir aber auch die Funktionsweise unseres Gehirns verstehen. Das allerdings hat nichts mit der Hypnose an sich zu tun, aber es hilft uns dabei zu Verstehen. Das ist für die Selbsthypnose wie auch für unseren Alltag von positivem Nutzen.

Die 3 Gesetze unseres Gehirns

Unser Gehirn hat viele Bereiche, die noch nicht mal annähernd erforscht sind, viele Bereiche, die somit noch erforscht werden müssen, aber natürlich auch Bereiche, die vielleicht nie erforscht werden. So wissen wir u.a., dass unser Gehirn verschiedene Bereiche hat und natürlich verschieden Funktionen. 3 Bereiche empfinde ich als besonders wichtig und deshalb nenne ich diese gerne „die 3 Gesetze unseres Gehirns". Diese 3 wichtigen Funktionsarten sind natürlich (wie vieles in unserem Gehirn) sehr kompliziert. Doch möchte ich versuchen, diese verständlich zu machen.

1. Das Gesetz des Bildes

Unser Gehirn ist ein Vorstellungsorgan, das heißt, alles, was wir mit unseren Sinnen aufnehmen, setzt das Gehirn in ein Bild um. Ganz egal, um welches Sinnesorgan es sich handelt. Alles wird in ein Bild umgesetzt.

Beispiel: Wenn Sie eine Berührung auf der Haut spüren, dann stellen sie sich sofort vor, was diese Berührung ausgelöst haben könnte.

So ist es mit allen Sinnesorganen. Auch kennen sie das aus einem Buch, was Sie lesen. Jede Szene stellen Sie sich vor. Wird ein Buch dann verfilmt, kommt oftmals sie Enttäuschung, denn erstens kommt es mit ihrer Vorstellung nicht überein („So, habe ich mir den cholerischen Darsteller ja nicht vorgestellt") und zweitens, weil natürlich Dinge abgeändert werden.

Dieses Gesetzt ist das wichtigste.

Natürlich haben diese Bilder einen Zweck. Nämlich den, dass das der Ansporn für unseren Körper ist, genau dieses Bild in die Tat umzusetzen. Weiter passiert als Folge auf unsere Vorstellung, dass unser Körper auf JEDE Vorstellung reagiert. Aber immer an zweiter Stelle. Damit ist gemeint: Erst kommt die Vorstellung, dann kommt die Reaktion des Körpers – immer! Und es hängt immer zusammen – zu einer positiven Vorstellung kommt eine positive Reaktion, zu einer negativen Vorstellung kommt eine negative Reaktion, zu einer traurigen Vorstellung kommt eine traurige Reaktion usw.

Doch gehen diese Reaktionen in unserer Zivilisation oftmals unbemerkt unter.

Auch hier ein Beispiel: Sie haben sich über jemanden geärgert und denken später noch darüber nach, ganz intensiv. Ohne dass sie es merken, legen Sie vielleicht die Stirn in Falten oder spannen die Muskulatur an – merken es aber nicht. Und ihr Gegenüber schaut Sie an und fragt sie: „was ist passiert, was habe ich getan? Du guckst so böse……." Oder umgekehrt, Sie denken ganz intensiv an eine schöne Situation, beginnen zu lächeln, ohne es zu merken. Und Ihr Gegenüber sagt zu ihnen: „Warum lachst Du denn so?" Und als Antwort kommt i.d.R.: „Ach, ich war in Gedanken." Die Reaktion vom Körper verlief unbemerkt ab, aber sie war im Zusammenhang mit dem Gedankengang.

Das Gehirn kann des Weiteren eine Sache nicht unterscheiden, nämlich ob es tatsächlich etwas sieht oder ob es sich nur um eine Vorstellung handelt.
Ein Beispiel dazu: Sie nehmen einen Kugelschreiber in die Hand. Für das Gehirn ist es egal, ob Sie den Kugelschreiber tatsächlich anschauen oder aber die Augen schließen und sich den Kugelschreiber nur vorstellen. Für das Gehirn ist es immer real, es kann zwischen diesen beiden nicht unterscheiden. Was ein großer Vorteil ist, denn dadurch werden posthypnotische Suggestionen erst möglich.
Zu vielen Dingen hat unser Gehirn ein gewohntes Bild. Und genau dieses Bild „kramt" es dann wieder hervor – und der Körper reagier dementsprechend darauf.
Und wenn diese Bilder, die das Gehirn immer wieder hervor holt und der Körper dementsprechend reagieren, dann kann sich kaum etwas ändern. Wenn sich etwas ändern soll, dann müssen als erstes die Bilder verändert werden, nur dann kann sich die Reaktion des Körpers auch verändern. Dazu ist einmal die Suggestion wichtig, mit der innere Bilder verändert werden können. Und eine weitere Möglichkeit, um eine gewohnte Vorstellung (sie wurde zum Automatismus) abzuändern, ist die Wiederholung. Alles was Sie neu lernen mussten oder wollten, mussten Sie solange wiederholen bis Sie es konnten. Egal, ob das der Führerschein war oder Mathe in der Schule – alles mussten sie so lange wiederholen (also üben), bis es sich festgesetzt hat und schließlich und letztendlich zum Automatismus wurde.

Mein Fazit dazu: Versuchen Sie ein wenig darauf zu achten was Sie denken. Nehmen Sie sich zwischendurch die Zeit und „schauen" Sie sich Ihre Gedanken an. Werden Sie achtsam gegenüber Ihren inneren Bildern (Ihren Gedanken) und versuchen Ihre Gedanken zu steuern – dann ändert sich auch Ihr eignes Körpergefühl. Denn entspannte Gedanken sorgen auch für einen entspannten Körper.
Das sagte schon Buddha: Du bist, was du denkst.

2. Das Gesetz der Verneinung

Mit diesem Gesetz ist folgendes gemeint. Unser Gehirn, ist ein positiv gestimmtes Organ, das heißt, ganz salopp gesagt, es kennt keine Verneinung. Es kennt die Worte „nicht" nicht, das Wort „kein" nicht, das Wort „ohne" nicht und das Wort „nein" nicht.
Wir können „nicht", nicht denken. Diesen Satz haben Sie evtl. schon mal gehört. Er gehört in dieses Gesetz.
Beispiel: Sie leihen sich von jemanden einen teuren Regenschirm und bekommen auch noch dazu gesagt „verlier den nicht, der war teuer." Nun gehen sie mit diesem Schirm in ein Geschäft. Die Sonne scheint zwar, aber es könnte Regen geben. Sie stellen den Schirm in den Schirmständer und laufen ständig durch das Geschäft, mit dem inneren

Satz: „Ich darf den Regenschirm nicht vergessen, ich darf den Regenschirm nicht vergessen……….“ Nun scheint doch weiter die Sonne, Sie verlassen das Geschäft, kommen zu Hause an – und der Schirm??? Der steht im Laden! Sie laufen sofort zurück, doch nun auch das noch – er ist geklaut.

Dann geht das Abwerten los: „Ich bin zu blöd. Nicht mal an einem Schirm kann ich denken. Jetzt krieg ich zu recht auch noch Ärger – boh, bin ich bescheuert!“ Usw.

Doch was ist passiert: Wie ich eben beschrieb, kennt unser Gehirn diese Worte nicht und ist ein kritikloser Befehlsempfänger. So, nun gehen Sie mal hin und sagen sich diesen Satz, so wie er am Gehirn ankommt – wohlgemerkt, das Gehirn kennt „nicht“ nicht! Dann lautet also der Satz: „Ich darf den Regenschirm vergessen!“ Ups, denken Sie jetzt vielleicht. Ja, das Gehirn ist ein kritikloser Befehlsempfänger, Sie haben ihm gesagt, dass Sie den Schirm vergessen möchten – und Schwupps, der Schirm bleibt stehen!

Das bedeutet wir „müssen“ unserem Gehirn „sagen“ was es machen soll. Unser Gehirn ist ein reiner Befehlsempfänger. Ich nehme gerne den Vergleich eines Computers dazu.

Einem Computer geben Sie genau die Befehle, die er ausführen soll. Stellen sie sich vor, sie haben in Word einen Bericht offen, der 10 Seiten umfasst. Nun möchten Sie aber nur 3 Seiten davon gedruckt haben. Dann geben Sie dem Computer, „druck mir diese 3 Seiten“. Sie geben ihm nicht den Befehl „druck mir jetzt nicht 7 Seiten.“

Oder bei einem kleinen Kind. Auch einem Kind müssen Sie sagen, was es machen soll. Wenn Sie ihm sagen würden, was es NICHT machen soll, müsste es schon Rückschlüsse ziehen können und Zusammenhänge erkennen können, das kann es aber noch nicht.

Wieder ein Beispiel dazu: Ich saß eines Mittags, in meiner Pause, bei offenem Fenster in meiner Praxis. Ich hatte das Fenster weit offen und meine Praxis ist im Erdgeschoß. Meine Praxis lag zu der Zeit an einer Straße, die nicht schnell zu befahren war. Da lief eine Mutter mit ihrem ca. 4-jährigen Sohn am Fenster vorbei. Plötzlich sprang der Junge vom Gehweg direkt auf die Straße. Die Mutter reagierte ganz ruhig, sie sagte zu ihm: „Du sollst nicht auf die Straße laufen.“ Nach diesem Satz blieb der Junge sofort stehen, da, wo er stehen blieb, stand er nun wie fest gewachsen. Die Mutter wurde unruhiger und rief etwas lauter und energischer: „Du sollst nicht auf die Straße laufen, habe ich gesagt.“ Doch der Junge stand dort weiter dort, wie fest gewachsen. Dann näherte sich (langsam) ein Auto. Die Mutter reagierte mit Angst, lief auf die Straße, packte ihren Sohn energisch am Oberarm und zog ihn zurück auf den Gehweg. Der Junge fing an zu weinen. Die Mutter reagierte mit folgendem Satz: „Du brauchst jetzt gar nicht zu weinen, ich habe dir gesagt, du sollst nicht auf die Straße rennen.“ Beide gingen davon.

Kinder können noch nicht logisch kombinieren. Er wusste zwar nun, dass er nicht auf die Straße laufen durfte, aber was sollte er denn jetzt machen – was? Da er es nicht wusste, blieb er stehen und stehen und stehen. Die Mutter hätte ihm sagen müssen, was er machen soll – nicht das, was er nicht machen soll. Wie z.B.: „Du sollst nicht auf die Straße rennen, komm zurück zu mir auf den Gehweg“. Natürlich dürfen wir das Wort „nicht“ verwenden, doch sollen wir das was erreichen wollen mit einbinden.

Genau so funktioniert eben unser Gehirn und genau so können Probleme im Alltag entstehen, denn die Mutter wusste was zu tun ist. Doch wie ich eben sagte: nur weil ich (oder in diesem Fall die Mutter), weiß, was ich will, weiß das mein Gegenüber (oder auch der Junge) noch lange nicht.
So funktioniert unser Gehirn nun mal………
Das ist tatsächlich auch in unserer täglichen Kommunikation wichtig – wir müssen sagen, was wir wollen, nicht was wir nicht wollen. Denn nur weil ich weiß, was ich nicht weil, weiß mein Gegenüber noch lange nicht, was ich denn nun wirklich will. So können viele Missverständnisse entstehen, die u.U. sogar zu Streitigkeiten führen können.
Sagen Sie sich was Sie wollen. Das ist manchmal nicht ganz einfach, denn wir wissen alle, was wir nicht wollen, jedoch nicht was wir wollen. Das liegt daran, das wir schon am „nicht" erzogen wurden, wir wurden an Verboten erzogen. „Tu dies nicht", tu das nicht" usw. Was wir wirklich wollen, das ist eher versteckt. Denn in unserer Gesellschaft gibt es, aus der Erziehung heraus, immer noch das Problem, dass der, der an sich denkt, der schnell den Stempel des Egoisten „aufgedrückt" bekommt. Kurz gesagt, wenn jemand sagt, was er will, gilt er schnell als rücksichtslos oder gar als Egoist – leider!
Doch lassen sie es mich kurz anmerken: Was bedeutet „Ego"? Es ist lateinisch und heißt „Ich" – mehr nicht. Wir brauchen ein gesundes Verhältnis zum eigenen Ich um wirklich überleben zu können. Lassen Sie mich anmerken: Wir sprechen hier nicht vom krankhaften Egoismus, bzw. vom Narzissmus (Selbstliebe), sondern dem Egoismus, den wir brauchen.
Gesund bedeutet: ich denke an mich, OHNE dass andere zu Schaden kommen!!!!

Exkurs: Es gibt dazu eine Spruch von dem ich leider nicht weiß, von wem er kommt und ich ihn auch nur sinngemäß wiedegeben kann: „Nur wer sich selber an erste Stelle stellt (Anmerkung von mir: im gesunden Maße), kann gut für sich sorgen. Und wer gut für sich selber sorgen kann, sich an die erste Stelle stellt, der ist glücklich. Und nur der kann sich auf einen Berg stellen, die Arme hoch reißen und laut rufen; schaut her, wie glücklich in bin – mit wem kann ich dieses Glück teilen!!!!??? Denn nur Glück, wird mehr, wenn es geteilt wird!"
Was bedeutet: Wenn ich an mich denke, dafür sorge, dass es mir gut, habe ich die Kraft auch in schweren Situationen für andere da zu sein. Wenn ich für andere da bin, aus Mitleid oder durch die rosarote Brille, also extrem frische Liebe, wird genau DAS irgendwann zur Last…………….. Und jede Last belastet und macht auf Dauer schwach.
Geben Sie Ihrem Gehirn die Chance, alles richtig zu machen, denn andern kann es nicht arbeiten.
Auch möchte ich noch kurz ein Beispiel einfügen, das wir „nicht", nicht denken können:
Denken Sie jetzt nicht an die lila Kuh, die in der Werbung durch das Bild läuft. Wissen sie, welche ich meine? Sicherlich ja, denke ich. Aber ich sagte ja, denken sie NICHT an die lila Kuh…….

Wir können „nicht“ nicht denken.

Weiterer wichtiger Punkt: stehen das erste Gesetz und das zweite Gesetzt in Konflikt, also haben beide Gesetze gegenteilige Vorstellungen, dann gewinnt immer das Gesetz des Bildes, also das erste Gesetzt. Es ist das machtvoller.
Beispiel dazu: Sie laufen über Glatteis und Sie möchten natürlich gesund und sauber auf der anderen Seite ankommen. Wenn Sie sich in Gedanken sagen:"ich bleibe stehen und komme heile drüben an, aber in ihrer Vorstellung sehen sie sich doch fallen oder gar im „Dreck“ liegen, dann gewinnt das Bild – sie werden also mit großer Wahrscheinlichkeit fallenfallen! Und hinterher sagen: „ich hab's gewusst, so ein M....“.
Das bedeutet, das innere Bild sollte genau so aussehen, wie sie es haben möchten! Die bildliche Vorstellung ist tatsächlich die wichtigste. „Was du kannst sehen, wird auch geschehen......“

Mein Fazit hierzu: sagen Sie sich (und auch zu anderen), was Sie wollen – nicht was Sie nicht wollen. Es macht vieles leichter. Versuchen Sie es!
Manchmal ist es nicht immer so leicht sich zu sagen was man will, denn wir werden und wurden fast alle an Verboten erzogen. Das bedeutet, wir müssen es erst neu lernen sich zu sagen was wir wollen. Sagen Sie sich, das Sie an den „Regenschirm denken wenn Sie den Laden wieder verlassen“ – Sie werden an ihn denken und können den weiteren Tag genießen.......

3. Das Gesetz des umgekehrten Effekts

Dieses Gesetzt bedeutet, das das Gegenteil eintritt, von dem was wir eigentlich wollten. Nach dem Prinzip: Je mehr sie etwas wollen, desto weniger werden sie es bekommen. Je weniger sie etwas wollen, desto eher werden sie es bekommen.
Das kennen Sie. Bestimmt haben Sie schon einmal eine Situation erlebt, in der Sie mit Freunden zusammen saßen und Ihnen etwas ganz bestimmtes nicht einfiel (z.B. der Name eines Schauspielers). Sie grübeln, Sie überlegen – aber nichts, der Name bleibt verschollen. Sie haben es praktisch „auf der Zunge“, aber aussprechen können Sie es nicht.
Dann später, wenn alle weg sind – dann plötzlich fällt er Ihnen ein. Dann ist der Name da.
Nämlich genau dann, wenn Sie die Situation losgelassen haben, kommt es zu Ihnen zurück.
„Je mehr Sie etwas haben wollen, desto weniger werden Sie es erreichen.“

Das ist ein Naturgesetz. Ein Gesetz, das so alt ist wie die Menschheit. Es hat einen positiven Grund. Nämlich folgenden: Gehen wir dazu in die Zeit zurück, wo wir noch auf Bäumen lebten. Damals schon mussten wir immer auf der Hut sein. Der Feind konnte schleichend von hinten kommen und hätte uns nieder schlagen können. Das mussten wir natürlich verhindern. Da setzt dieses Gesetz an: Wir spüren, wenn jemand hinter uns steht. Sie kennen das auch heute noch. Sie spüren, wenn Sie beobachtet werden, wenn jemand hinter Ihnen steht. Dieser Urinstinkt, war immer wichtig (wenn auch heute nicht mehr ganz so wichtig, in unser zivilisierten Region) – er sicherte u.U. das eigene Leben.
Wenn wir jetzt aber in Gedanken sind, dann merken wir (theoretisch) nicht, dass sich der Feind von hinten nähert – weil wir zu konzentriert an einer anderen Sache hängen.
Das nun wieder ist ein (lassen sie es mich salopp aussprechen) Hinweis unseres Gehirnes: „Lass die Situation los, du bekommst gerade nicht mit, das sich der Feind von hinten näher". Weil wir dann eben zu verbissen sind – dann schaltet das Gehirn um und gibt keinerlei Informationen mehr frei, in der Hoffnung, dass wir die Situation los lassen, um wieder unser Umfeld zu spüren.
Deshalb – lassen Sie Situationen los! Widmen Sie sich ihnen später einfach noch einmal. Auch das kennen Sie: Sie schaffen etwas absolut nicht, dann gehen Sie aus der Situation heraus (z.B., weil sie ans Telefon müssen), kommen später zurück – und es funktioniert.

Fazit: Beobachten sie sich selber. Wenn Sie spüren, es klappt nicht so, wie Sie es wollen – lassen Sie es los. Gehen Sie weg (und sei es emotional, psychisch oder physisch) und widmen Sie sich später der Sache aufs Neue - Sie werden sehen, es funktioniert dann.

Weiteres interessantes Wissen über unser Denken

Unser Denken hängt ganz fest mit unseren Gefühlen zusammen, das heißt, unsere Gedanken bestimmen unsere Gefühle. Wir glauben oftmals, dass eine Situation unsere Gefühle bestimmen, doch das ist so nicht. Es ist so, dass unsere Gedanken ganz fest mit unseren Gefühlen verknüpft sind. Lassen sie mich kurz erklären, was ich damit meine.
Durch unsere Gedanken bewerten wir eine Situation. Diese Bewertung sorgt dann für das dazugehörige Gefühl (Sie erinnern sich: an erster Stelle, steht immer der Gedanke.......). Nicht die Situation ist es, sondern wir selber. Die Situation ist eher neutral, „die kann da nichts für".

Ein Beispiel dazu: Sie kaufen sich ein neues Auto. Ein Auto mit einer relativ großen Maschine und viel PS. Weil Sie stolz auf dieses Auto sind, laden sie nun ein paar Freunde ein, zu einem kleinen Umtrunk. Unter den Gästen ist ein Autofreak. Der total begeistert ist von dem Wagen, der schwärmt den ganzen Abend davon, auch als er ihn gefahren ist. Er schwärmt davon, wie schnell der Anfährt, wie schnell „der" auf 100km/h ist. Ist den ganzen Abend begeistert und strahlt gute Laune aus.
Doch ist auch unter den Gästen ein sog. „Voll-Öko". Der aus absoluter Überzeugung nur Fahrrad fährt. Und wenn er weiter weg muss, nur öffentliche Verkehrsmittel benutzt. Der schimpft den ganzen Abend über die Umweltbelastung, den Verbrauch, die Abgase, usw. Er ist den ganzen Abend kopfschüttelnd schlecht gelaunt.
So, nun frage ich Sie: Der eine ist gut gelaunt, der andere ist schlecht gelaunt, liegt das an dem Auto? Ist es wirklich das Auto schuld, das sich die beiden so fühlen, wie sie sich fühlen??? Nein. Das Auto ist einfach nur ein Auto – mehr nicht.
Es war die Bewertung der Situation – nicht die Situation.
Das heißt wiederum, wir bestimmen, wie wir uns fühlen.
Das ist toll, denn es zeigt, wir haben die Macht, nicht andere!
Denn das gilt auch für Menschen, die uns gegenüber stehen. Nicht diese Menschen sorgen für unsere schlechten Gefühle, sondern wir selber sorgen für unsere Gefühle. Denn auch hier ist es dasselbe: So, wie unsere Gedanken den Menschen bewerten, so fühlen wir uns!
Es liegt wirklich an uns, selber, wie wir uns fühlen.
Vielleicht sagen sie jetzt: „Ja, es gibt aber Menschen, die es darauf anlegen, das wir uns schlecht fühlen." Stimmt. Doch, trotz allem, ist es unser Gedankengang, unsere Bewertung, ob derjenige es dann auch schafft, dass wir uns schlecht fühlen. Wenn so ein Mensch es also tatsächlich schaffen will, das Sie sich schlecht fühlen, was meinen Sie, wie toll es sich dann für Sie anfühlt, wenn er das nicht schafft!!! Er schafft das nicht, wenn sie dem ganzen eine andere Bewertung geben, als er es erwartet.
Dasselbe gilt auch für Ärgern und Wut. Diese Gefühle entstehen, weil wir die dementsprechenden Gedankengänge mit der dementsprechenden Bewertung zugelassen haben.
Und seien wir mal ehrlich: was bringt es die Situation so schlecht zu bewerten, sich noch später darüber aufzuregen? Nichts! Außer, dass Sie sich schlecht fühlen, ändert es die Situation nicht bzw. eher sehr selten.
Nehmen wir ein weiteres Beispiel dazu: Stellen Sie sich vor, Sie haben verschlafen und müssen sich nun gewaltig sputen, damit Sie noch ihren Bus zur Arbeit bekommen. Doch der Busfahrer macht Ihnen die Tür vor der Nase zu und fährt davon. Sie ärgern sich, was das Zeug hält. Sie schimpfen, Sie fluchen, Sie beschimpfen den Busfahrer. Am liebsten würden Sie ihn schütteln oder schlimmeres.
Doch was nützt es? Nichts!

Glauben Sie wirklich Sie strafen den Fahrer damit? Nein! Sie strafen einzig und allein sich selber!
Er bekommt davon doch gar nichts mit. Er freut sich weiter seines Tages und genießt später seinen Feierabend. Und Sie? Evtl. ist für Sie der Tag gelaufen.
Wer wurde nun gestraft? So ist es öfters in unserem Leben: der Leidtragende sind Sie selber, nicht der, den Sie eigentlich strafen wollten.
Und das alles, weil sie die Situation noch negativer bewertet haben.....................
Machen sie also Negatives noch negativer, indem Sie die Dinge bewerten. Akzeptieren Sie die Situation so, wie ist und – erleben Sie die Macht in sich. SIE haben die Macht zu entscheiden, wie Sie sich fühlen! Nicht sie Situation – nur Sie haben diese Macht. Sie sind somit der Situation nicht hilflos ausgeliefert – Sie entscheiden, wie Sie sich fühlen. Niemand sonst – nur Sie!
Das gilt übrigens auch für Glück oder Liebe. Sagen Sie nicht: „du machst mich glücklich." Dann geben sie dem Partner die Macht über Sie, wie Sie sich fühlen. Sie machen also Ihr Glück, von ihm abhängig.
Erstens ist das nicht die Aufgabe des Partners und zweitens, wenn er über Ihr Glück entscheiden kann, kann er auch über Ihr Unglück entscheiden........ Doch die Macht haben Sie für sich selber. Nicht der Partner bestimmt ihr Glück – Sie bestimmen es. Sagen sie z.B.: „ich bin glücklich, diesen Partner gefunden zu haben."
Das wiederum gilt auch für das berühmte schlechte Gewissen. Wir sagen dann oftmals: „Der oder der, hat mit ein schlechtes Gewissen gemacht."
Damit geben Sie ihrem Gegenüber die Macht über das Gefühl, wie Sie sich fühlen. Sagen Sie tatsächlich: „Ich habe mir ein schlechtes Gewissen machen lassen." Dann liegt die Macht bei Ihnen. Sie können dann tatsächlich entscheiden, ob Sie das wollen oder nicht. Selbst wenn Sie sich entscheiden, Sie wollen das schlechte Gewissen jetzt „haben", dann werden Sie sich besser fühlen, weil Sie das für sich selber entschieden haben und das nicht von jemand anderen entschieden wurde.
Wir brauchen das aktive Handeln, Passivität können wir nur schwer ertragen. Auch das kennen Sie, Sie mögen es in der Regel auch nicht, wenn jemand „über ihren Kopf hinweg" etwas entscheidet.
Bleiben Sie also auch in ihrer Ausdruckweise der aktive Teil. Sie entscheiden, wie sie sich fühlen – niemand sonst!
Das soll jetzt nicht in die Richtung gehen: „Dann bin ich ja selber Schuld". Es geht überhaupt nicht um Schuld, wenn es überhaupt um „etwas" geht, dann geht es um die Unwissenheit. Sie wussten es nicht besser. Und wenn ich etwas nicht weiß, kann ich es nicht ändern. Nun wissen Sie es, nun können Sie es auch ändern.

Fazit: Sie entscheiden, wie Sie sich fühlen – niemand sonst! Versuchen Sie die Dinge zu akzeptieren wie sie sind. Behalten Sie das Handeln bei sich

Wo setzt die Hypnose an?

An genau all den vorherigen Punkten setzt die Hypnose an. Sie gibt teilweise bewusst, teilweise auch unbewusst ein neues Bewusstsein, um damit Dinge zu verändern.
Klingt kompliziert, ist es aber nicht. Es geht hierbei darum, dass Hypnose unsichtbare Dinge sichtbar macht. Das, was ich z.B. im vorherigen Abschnitt erklärt habe, ist jetzt ja auch für sie sichtbar geworden, weil sie unter Umständen nicht wussten, wie es sich damit verhält.
Nun gibt es aber Dinge, die liegen so tief in uns, dass „einfaches Ansprechen" nicht reicht, um es sichtbar zu machen. Da setzt dann die Hypnose an. Sie geht tief ins Unterbewusstsein und entdeckt dort „versteckte Dinge", damit die dann sichtbar werden.
Denn, wie ich schon sagte, wir können Dinge erst verändern, wenn sie bewusst (also sichtbar) werden. Unbewusste Dinge laufen so automatisch ab, da wir manchmal erst hinterher merken, dass wir etwas Bestimmtes gemacht oder gesagt haben. Hinterher, das wissen Sie, ist es natürlich für eine Veränderung zu spät. Wenn dieses Verhalten, dann noch etwas ist, was sie stört oder gar belastet, wird es doppelt problematisch. Denn im nachhinein ärgern Sie sich evtl. noch stärker, weil Sie doch genau dieses störende Verhalten nicht wollten.
Dafür ist es wichtig, das sichtbar wird – es bewusst wird. Im Bewusstsein angekommen ist die Veränderung möglich.
Und das wird durch die Hypnose erreicht. Die „deckt" Gründe für ein Verhalten auf. Dafür geht die Hypnose zurück geht zum Entstehungsursprung des Verhaltens, dort wo es entstanden ist. Um es damit bewusst zu machen und um es damit bearbeiten zu können.
Und wie ich gerade sagte, ich gehe mit der Hypnose zum Entstehungsursprung zurück, und das Wort verrät es schon, es geht zum Ursprung und der kann weit zurück liegen. Evtl. so weit, das Sie selber nicht mehr in der Lage sind die Zusammenhänge von damals, mit der Symptomatik von heute zu verbinden.
Doch die Hypnose macht es sichtbar.
Dies ist auch mit der Selbsthypnose möglich. Jedoch gibt es da eine Einschränkung: Wenn die Ursache eine Ursache war, die schmerzlich für uns war, dann werden Sie selber diese Ursache wohl eher nicht finden können. Das hat einen ganz einfachen Grund. Wenn die Ursache schmerzlich war und Sie eine Verbindung zu diesem Ereignis herstellen, dann würde Ihnen das auch jetzt schmerzlich bewusst werden. Und wir werden uns nicht selber Schmerzen zufügen, also blockiert das Unterbewussten als Selbstschutz. Dann ist es nur mit Hypnosetherapeutischer oder allg. therapeutischer Hilfe auffindbar.

Anker setzen, was ist das?

Anker setzen? Wie Sie sich sicher vorstellen können, hat das nichts mit einem Anker im Schifffahrtswesen zu tun, aber es kommt von verankern. Sie hat mit der klassischen Konditionierung zu tun. Die klassische Konditionierung steht im ganz engen Zusammenhang zum Ankern. Klassische Konditionierung wird sie nach Iwan P. Pawlow (*1849 - †1936) genannt. In der Hypnosetherapie sowie der NLP (Neuro-Linguistische Programmieren) wird es „Ankern“ genannt.
Gemeint ist damit folgendes: Der Körper lernt auf bestimmte Reize mit bestimmten Reaktionen zu reagieren. Werden z.B. bestimmte Gefühle bewusst mit bestimmten Bewegungen oder Gesten eingeübt, so lassen sich diese Gefühle später mit diesen Bewegungen oder Gesten wieder aktivieren.
Der Körper hat dann „gelernt“, dementsprechend zu reagieren.
Dieses „lernen“ wird Ankern genannt.
Auch in der Hypnose ist das Ankern ein wichtiger Beitrag.
Anker werden in unterschiedlichster Art eingesetzt. Um z.B. die Einleitung der Trance zu verkürzen, wird ein Anker gesetzt. Der Körper bekommt einen Reiz (z.B. eine bestimmte Berührung) und reagiert sofort mit der passenden Reaktion, in diesem Fall Entspannung.
Auch bei Phobien ist das sehr gut einsetzbar: Wenn der Mensch das Objekt sieht, das eine Phobie auslöst, z.B. eine Spinne. Dann wird der vorher konditionierte Anker gesetzt. Auch hier ist es so, das der Körper wieder auf einen Reiz (evtl. wieder Berührung an einer bestimmten Stelle) mit dem dazugehörigen Reiz reagiert (z.B. Gelassenheit).
Natürlich muss der Körper diese Kombination erst erlernen.
Der o.g. Pawlow hat dazu ein sehr berühmtes Experiment gemacht, was ich hier zur Verdeutlichung hier kurz erwähnen möchte.

Er hat einen Hund ein Röhrchen in die Speiseröhre operiert, und zwar so, dass das eine Ende in der Speiseröhre liegt, das andere Ende herraus schaut.
Dann hat er immer, bevor er dem Hund Futter gab, mit einem Glöckchen geläutet. Es dauerte nicht lange da war es so, dass immer wenn er das Glöckchen läutete und es Futter gab, lief dem Hund der Speichel aus dem Röhrchen.
Wieder kurze Zeit später lief dem Hund schon direkt nach dem Läuten der Speichel aus dem Röhrchen, bevor er das Futter bekam.
Und schließlich brauchte Pawlow nur noch das Glöckchen läuten, ohne ihm Futter zu geben. Der Speichel lief trotzdem. Denn der Hund hatte konditioniert, dass das Läuten Futter bedeutet. Das Glöckchen reichte, als Reiz, um eine bestimmte Reaktion zu erreichen, Speichelfluss in diesem Fall.
Das Glöckchen ist der Anker.

Eine bestimmte Art der Reaktion kann der Körper auf alle Reize lernen. Er muss es nur erst in Zusammenhang bringen und lernen.
Dazu muss jeder für sich im Vorfeld wissen: Was möchte ich für eine bestimmte Reaktion erreichen (Gelassenheit oder Ruhe o.ä.)? Wenn ich das weiß, muss ich wissen, durch welchen Reiz das ausgelöst werden soll (z.B. eine Berührung der Hände).
Wenn das geklärt ist, gehen sie folgendermaßen vor:

1. Die Reaktion, die sie erreichen möchten (in nehme hier jetzt mal als Beispiel Ruhe), wo haben Sie genau diese Art von Ruhe schon mal erlebt (z.B. im Schaukelstuhl liegen)? Diese Situation stellen Sie sich bitte möglichst genau wieder vor.

2. Welcher Reiz soll genommen werden? Zum Beispiel, die Rechte Hand legt sich auf den Handrücken der linken Hand o.ä.

3. Nun begeben Sie sich in die Trance (siehe weiter unten). Und sagen sich folgendes:
„Immer wenn ich meine linke Hand mit meiner rechten Hand berühre, dann gleitet meine Körper sofort in die Ruhe des Schaukelstuhls."
Sie können sich natürlich Ihren Satz selber formulieren.
Wiederholen sie das in jeder Trance mehrmals. Solange, bis sie spüren, wie ihr Körper tatsächlich entspannt, wenn sich Ihre Hände berühren.

Ein Anker muss übrigens immer aufgefrischt werden. Der Körper verlernt es zwar nicht mehr, aber die Reiz-Reaktions-Zeit wird langsamer. Das bedeutet, Sie setzen nach einer ganz langen Pause den Reiz wieder, dann kommt erst zeitverzögert die Reaktion. Diese Zeitspanne kann für den positiven Erfolg aber zu lang sein und es wird enttäuschend. Wobei auffrischen nicht täglich bedeutet, wenn es tief verankert ist, sonder zwischendurch immer mal wieder. Bedenken Sie, je intensiver die Reiz-Reaktion-Kombination verankert ist, desto deutlicher ist für sie, das positive Ergebnis spürbar.
Es können auch mehrere unterschiedliche Anker gesetzt werden. Achten Sie dabei bitte darauf, dass jede Reaktion nur EINEN dazugehörigen Reiz hat. Nehmen Sie nicht ein und denselben Reiz auf mehrere Reaktionen und umgekehrt.

Was ist Suggestion?

Suggestion stamm aus dem Lateinischen, *suggestio, -onis*, was so viel bedeutet wie *Hinzufügung*, *Eingebung* oder *Einflüsterung*, oder auf das lateinische Verb *suggerĕre* bezogen: *zuführen, unterschieben.*
James Braid verwendete den Begriff erstmals und er ist bis heute, psychologisch gesehen, eine Beeinflussungsform von Fühlen, Denken und Handeln. Die Suggestion wird in der Hypnose verwendet, um Verhaltensweisen gezielt zu verändern. Um somit negative Verhaltensweisen (z.B. Unruhe) in positive Verhaltensweisen (z.B. Ruhe) zu verändern.

Es wird unterschieden zwischen Autosuggestion (also die Beeinflussung durch sich selber) und der Heterosuggestion (Beeinflussung durch einen anderen). Wobei im Allgemeinen umgangssprachlichen Wortgebrauch mit „Suggestion" die Heterosuggestion gemeint ist.
Nochmals sei kurz erwähnt, dass es auch die Posthypnotische Suggestion gibt. Dieses ist eine Suggestion, die erst nach der Hypnose greift. Das bedeutet, diese Suggestion zeigt erst die Veränderung und ihre Wirkung, wenn die hypnotische Trance vorbei ist. Meistens werden sie verbunden (verankert) mit einem Wort oder Berührung/Geste. Diese Posthypnotische Suggestion soll also nach der Hypnose bestehen bleiben. Das ist unter anderem bei der Gewichtsreduktion und der Rauchentwöhnung wichtig. Hier geht es z.B. darum, dass das Verlangen nach Essen oder einer Zigarette auch nach der Hypnose „weg" bleibt und weg bleiben soll.

Es gibt, auch im alltäglichen Leben, kaum eine Kommunikation in der nicht eine Suggestion steckt. Jedoch ist diese Art von Beeinflussung nicht immer leicht erkennbar.
Hierbei sei die Werbung erwähnt. Auch Sie wissen, das Sie von der Werbung beeinflusst werden – genau das ist eine Suggestion (also Unterschiebung).

Es steht auf jeden Fall fest, dass Suggestionen außergewöhnliche Wirkungen auf der seelischen und körperlichen Ebene erreichen. Positiv, wie auch negativ. Negative Suggestionen sind nicht anders zu sehen wie positive Suggestionen. Beide dienen der Veränderung.
Negative Suggestionen sind z.B. die Aufschriften auf den Zigarettenschachteln, wie „Raucher sterben früher" usw. Diese Sätze sollen vom Rauchen abschrecken, sie sollen Angst machen auf das was passieren könnte. Doch meine ich, dass diese Suggestionen eher das Gegenteil bewirken. Sie bewirken nämlich, das diese Art Suggestion, auf die Dauer gesehen, genau so eintreten wie sie drauf stehen, weil sie vom Körper/Gehirn umgesetzt werden........

Kann ich mir selber Suggestionen setzen oder schreiben?

Ja! Es ist sogar viel besser, sie selber zu schreiben. Das gilt auch für Hypnosetherapeuten! Nach Skript arbeiten, darf eine grobe Richtung sein, aber ansonsten funktioniert die Suggestion hauptsächlich durch die Individualität. Das heißt, jede Suggestion sollte auf eine Person abgestimmt sein. Schon Milton H. Erickson sagte das. Sinngemäß sagte er, dass ein Hypnosetherapeut der nach Skripten arbeitet verloren ist, denn was auf einen passt, passt u.U. überhaupt nicht auf den anderen. Individualität ist das wichtigste!

Das gilt natürlich auch für die Autosuggestion.

Müssen Sie sich die Suggestionen aufschreiben? Nein, müssen Sie nicht, doch erleichtert es, gerade am Anfang, die Umsetzung.

Das ganze mag für Sie jetzt, beim Lesen, etwas schwer klingen, doch glauben sie mir, es braucht zwar Übung, aber so richtig schwer ist es nicht, es ist leichter als sie denken und wird mit jedem Tag leichter.

Was muss ich bei Suggestionen beachten?

Es gibt einige Dinge, die beachtet werden müssen, damit Suggestionen wirken können.
Viele fragen mich dann schon vorher, „Wie soll ich denn sowas machen?“
Nehmen Sie bitte vorab diese Liste als Hilfe für ihr Ziel, dass sie erreichen möchten:

- Welche positiven Veränderungen möchten Sie?
- Wie kommt diese positive Veränderung zum Ausdruck?
- Wie erkennt jemand, der Sie längere Zeit nicht gesehen hat, das diese Veränderung statt gefunden hat oder wie spürt er das?
- Wie spüren Sie das selber?
- Was hält sie davon ab, Ihr neues Verhalten zu verändern? Was könnte passieren, wenn Sie das neue Verhalten erreicht haben? Schauen Sie sich das, was passieren könnte, ganz genau an!
- Haben Sie durch ihr neues Verhalten etwas zu verlieren? Wenn ja, was wiegt mehr (was hat mehr positives), das neue oder das alte Verhalten?
- Was gewinnen Sie, durch ihr neues Verhalten? Das schauen Sie sich ganz genau (!) an!
- Was kann Sie vom neuen Verhalten abhalten?

- Was sind Sie bereit, für Ihr neues Verhalten zu machen? Was nicht?
- Gibt es Alternativen, wenn ja, welche?

Zu der eigentlichen Suggestion gibt es folgende Punkte zu beachten:

Positiv formulieren

Hierzu denken Sie bitte an das 2. Gesetzt: Das Gesetzt der Verneininung (siehe oben). Das ist somit auch ein ganz wichtiger Punkt in der Suggestionsformulierung.
Das bedeutet für die Suggestion: IMMER positiv formulieren, das wiederum bedeutet, die Worte „nicht", „nein", „ohne", „kein" weg zu lassen. Also sich zu sagen, was jemand will, nicht was er nicht will.
Beispiel: Nicht: „ich bin nicht unruhig", sonder, „ich bin ruhig".

Versuchen Sie es ruhig auch im Alltag! Versuchen Sie Verneinungen weg zu lassen. Sagen Sie, was Sie wollen, nicht, was Sie nicht wollen.
Also JEDE Suggestion positiv formulieren. Lassen sie die Worte „nicht", „kein", „ohne" und „nein" weg. Sagen sie sich, was sie erreichen wollen!!!

In der Gegenwart formulieren

Die Suggestionssätze müssen in der Gegenwart formuliert sein. Das heißt, formulieren Sie ruhig die Sätze so, als wenn sie ihr Ziel schon erreicht haben.
Also: „Ich bin ruhig" oder „Ich bleibe in jeder Situation ruhig und gelassen". Nicht, „Ich werde ruhig sein" oder auch nicht „Ich bin jetzt nicht gestresst"

Anmerkung: Wenn Sie Verneinungen einbringen, MÜSSEN Sie sich direkt im Anschluss sagen, WAS Sie wollen (siehe Mutter-Kind-Beispiel, Seite 31)!

Kurze, knappe, prägnante Sätze benutzen

Setzen Sie sich kurze eindeutige (!) Sätze. Achten Sie bitte darauf, Doppeldeutigkeit (Zweideutigkeit) zu vermeiden. Besonders ist hier die Doppeldeutigkeit in Schreibweisen gemeint, die aber in der Aussprache nicht zu unterscheiden sind.
Beispiel für Doppeldeutigkeit:

- Der Tänzer soll die Tänzerin fair führen. / Der Tänzer soll die Tänzerin verführen.

- Frucht-Bar / fruchtbar
- Ich bin neugierig und gefräßig. / Ich bin neu, gierig und gefräßig.
- Der Gefangene floh. / Der gefangene Floh

Denn gelesen ist der Unterschied klar, doch nur innerlich „gehört", ist der Unterschied nicht erkennbar und lenkt ab.

Formulieren Sie die Sätze kurz und knapp UND eindeutig, so das es keine Verwechslung geben kann.
Vermeiden Sie auch solche Doppeldeutigkeiten:

- Plakate kleben (Klebt da Jemand Plakate oder kleben Plakate aufgrund ihrer eigenen Klebekraft?)
- Hunde riechen gut (Hunde riechen für uns Menschen gut oder riechen die Hunde mit ihrer eigenen Nase?)

Kurz gesagt: Verwechslung unmöglich machen!

Vermeiden Sie auch langatmige Sätze, wie sie Heinz Erhardt beherrscht hat („Das Schlimme an den Rednern ist, dass sie nicht sagen, worüber sie sprechen."; „Wird man unerwartet gebeten, eine Rede zu halten, so erschrecke man nicht, sondern fasse sich. Aber kurz!"; „Eine Frau, die vor ihrem Mann keine Geheimnisse hat, hat entweder keine Geheimnisse oder keinen Mann").
Auch wenn es amüsant ist, ihr Ziel erreichen Sie mit kurzen, prägnanten Sätzen. Hinzu kommt, dass diese im Alltag leichter zu merken sind!

<u>Ziel erreichbar und realistisch machen</u>
Auch ruhig mit Zwischenzielen.
Betrachten Sie ihr Ziel genau. Es MUSS realistisch und erreichbar sein. Wenn es ein größeres Ziel ist, dann bauen sie Zwischenziel ein. Also, wenn Sie z.B. abnehmen möchten, ruhig in Wochenschritten und in nur 1 Kilo Schritten vorgehen.
Beispiel: „Ich wiege 70 Kilo (Kg)". Wenn das Ziel erreicht ist: „ich wiege 69 Kilo (Kg)".
Also lieber in kleinen Schritten, aber dafür das Ziel erreichen, als in zu großen Schritten und daran scheitern!
Denn die Autosuggestion schafft vieles, aber eben auch nur das was realistisch möglich ist!
Wenn Sie die Schritte zu Ihrem Ziel zu groß machen, werden sie unter Umständen stolpern und fallen...... Also lieber in kleinen Schritten, aber dafür sicher am Ziel ankommen.

Und denken Sie bitte dann auch NUR an dieses Zwischenziel. Verlieren Sie Ihr Gesamtziel nicht aus den Augen, konzentrieren Sie sich auf das gerade bestehende Zwischenziel! Nur darauf.
Es ist wie bei einem Bergsteiger: Er hat das Ziel, den Gipfel zu erklimmen. Er kommt da oben nur an, wenn sich Schritt für Schritt auf den nächsten Schritt konzentriert. Wenn er sich zu sehr auf das zu erreichende Ziel oder auf die übernächsten Schritte konzentriert, wird er evtl. abstürzen, weil er bei einem Schritt, den er gerade gemacht hat, nicht aufgepasst hat.
Schritt für Schritt, wie der Bergsteiger!

Ein Mantra setzen

Als Mantra bezeichnet man eine meist kurze, formelhafte Wortfolge, die oft wiederholt wird. Dieses ist bekannt aus dem Yoga und dem Buddhismus (dort als Gebetsform).
Wozu dieses? Dazu sehen sie sich dazu nochmals die Gesetze an, besonders das erste (siehe Seite 29). Hier erfuhren sie, dass der Körper auf die Vorstellung passend reagiert. Doch ist natürlich der Körper und der Geist, ein Gewohnheitstier. Je länger eine Vorstellung sich „festgesetzt" hat, desto länger brauchen wir, um eine neue Gewohnheit „festzusetzen". Durch das Wiederholen üben wir eine neue Situation ein. Dabei hilft ein Mantra.
Es soll angeblich sogar schon mal getestet worden sein, wie lange ein Körper braucht, bis eine tiefe Gewohnheit, durch eine neue Ersetzt wird. Der Test soll ergeben haben, dass man es ca. 10000-mal in sich wiederholen muss, bis es richtig greift und sitzt. So sagte mir, zu damaliger Zeit, mein Dozent. Schriftlich belegen konnte er diesen Test jedoch leider nicht, aber das ist auch nicht so wichtig – wichtig ist, dass es funktioniert. Und es funktioniert. Wie viele Wiederholungen Sie letztendlich brauchen bis Sie es verinnerlicht haben, weiß niemand. Und ob sie wirklich so viele Wiederholungen werden, wissen sie nicht, denn sie werden die Wiederholungen nicht zählen. Des Weiteren, kommt der Wandel schleichend, somit merken Sie es kaum bewusst.
Ein Mantra setzen: Sie können dazu ohne weiteres den positiv formulierten Suggestionssatz nehmen, wie z.B. „ich bin ruhig", „ich rede ganz ruhig und fließend" , „ich wiege XX Kilo "o.ä.
Oder sie geben ihrem Ziel ein einziges, passendes Wort, wie z.B. für „Ruhe" oder beim Abnehmen die Gewichtszahl, die sie erreichen möchten.
Das ist wirklich ganz individuell möglich. Achten Sie bitte nur darauf, dass dieses Mantra, wenn es ein Satz sein sollte, nicht zu lang ist. Halten Sie ich kurz und knapp.
Schreiben Sie ihn auf! Und nehmen Sie ihn als täglichen Begleiter mit, besonders in ihrem Kopf. Wiederholen Sie ihn innerlich so oft pro Tag, wie es Ihnen möglich ist. Wie eine Gebetsmühle.

Wenn die Zeit dazu sein sollte, dann nehmen Sie ruhig die Visualisierung dazu. Wiederholen Sie auch diese innerlich.

Das ganze klingt so, als würde alles zusammen schon ihren gesamten Tag beanspruchen, doch keine Angst. Das erfordert nicht viel Zeit, die Selbsthypnose ist das längste an der Autosuggestion. Glauben Sie es mir, ich dachte am Anfang auch ganz anders. Aber ganz ehrlich, so dachten Sie doch damals übers Auto fahren auch, oder? Sie wissen doch: „Oh Gott, wie soll ich mir das bloß alles merken – und dann noch so viele unterschiedliche Dinge gleichzeitig machen……. Oh je."
Und heute?? Sie Denken nicht mehr darüber nach (Seihe Seite 7
Auch hier wird es so sein.

Visualisierung

Ganz zum Schluss kommt schließlich noch die Visualisierung.
Dieses Wort bedeutet nichts anderes als „sichtbarmachen". Sichtbar machen im Inneren, vor Ihrem inneren Auge. Denn denken sie an das erste Gesetzt (siehe Seite 29). Unser Körper versucht jede Vorstellung (jeden Gedankengang) sofort in eine Handlung umzusetzen.
Wie visualisiere ich? Schließen Sie zur Visualisierung ihre Augen. Stellen Sie sich ihr Ziel so vor, als hätten Sie es schon erreicht. In dieser Phase benutzen Sie bitte ihre Sinne. Ganz wichtig sind drei der fünf Sinne: Sehen, Fühlen und Hören.
Sehen: Schauen Sie sich vor ihrem inneren Auge genau an wie sie dort (am angekommenen Ziel) aussehen, wie Sie stehen (oder sitzen oder was auch immer Sie dort gerade machen).
Fühlen: Fühlen Sie in diese Situation hinein. Fühlen Sie, wie sich diese neue Situation anfühlt, wie gut es sich anfühlt.
Hören: Hören Sie, wie Sie dort reden, hören Sie, wie die Menschen (falls welche in ihrer Suggestion vorkommen) mit Ihnen sprechen.
Auch riechen und schmecken ist zusätzlich möglich. Riechen Sie, wie Sie dort riechen, schmecken sie die Atmosphäre, die dort am erreichten Ziel herrscht.

Weiter Möglichkeit, die Visualisierung detaillierten zu erarbeiten:
Wer an seinem Ziel angekommen ist und die Sinne dazu deutlich fühlt, der kann von dieser Zukunft aus, „zurück schauen" (in die „Vergangenheit"), um für sich zu erkennen, was er alles verändert hat, was er gemacht hat, welche Dinge er machen musste, um an diesem Ziel anzukommen. Weiterer Schritt: wenn Sie sich die „Vergangenheit" genug

angeschaut haben, schauen Sie, was sie heute noch tun können, um Ihr Ziel zu erreichen. Und dann ist es wichtig, dieses dann auch heute umzusetzen, damit Sie wieder einen Schritt näher an Ihr Ziel kommen. Dazu mehr, im Kapitel „Time-Line, zum erreichen eigener Ziele".

Dieser Schritt ist wichtig. Denn wenn wir etwas perfekt visualisiert haben, also gedanklich aus dem „ff" können, regiert auch der Körper in der dazugehörigen Situation schon selbständig (wie im Schlaf). Der Körper weiß, wie er auf bestimmte Situationen zu reagieren hat.
Das machen sich besonders Sportler zu nutzen. Nehmen wir einen Formel-1 – Fahrer. Er visualisiert ständig, innerlich, die gesamte Rennstrecke. So lange, bis er sie praktisch auswendig kennt. Wenn dann in der Realität die dazugehörige Situation kommt, reagiert der Körper fast automatisch. Der Körper, weiß was er zu tun hat, wie er bremsen, lenken oder Gas geben muss.
Oftmals sieht man die Rennfahrer kurz vor einem Rennen ganz ruhig sitzen, die Augen sind geschlossen, der Körper jedoch bewegt sich ganz leicht, so als würde er nach rechts oder nach links fahren.
Das ist übrigens auch wichtig bei Skispringern, Boxern und Golfspielern.
Im Sport wird das oftmals Mentaltraining genannt.

Diese Visualisierung ist auch bei Heilungsprozessen extrem wichtig. Der Körper hat starke Selbstheilungskräfte, die genau dadurch geweckt werden können (dazu später mehr).

Protokoll führen

Protokoll führen unterstützt Sie besonders am Übungsbeginn, denn es gibt niemanden von außen, der Ihnen sagt, was Sie machen sollen. Somit gibt es ein besseres Gefühl zu sich selber, der Autosuggestion und den Erfolgen, den die Autosuggestion bringen soll. In diesem Protokoll geht es darum aufzuschreiben, was in der einzelnen Selbsthypnose empfunden, bzw. erlebt wurde. Beziehen Sie dabei alle Sinne mit ein. Dieses Protokoll hilft zur eigenen Kontrolle und es zeigt wohin alles geht, wie es greift, wo und was geändert werden sollte, damit sich der Erfolg einstellt.
Ganz wichtig ist das Gefühl zur Autosuggestion direkt und das Gefühl unmittelbar danach.
Wenn dieses Gefühl gut ist – alles ok, machen Sie genau so weiter.
Wenn es nicht so gut war oder ist, dann gehen Sie in sich zurück, bis zu dem Punkt wo das Gefühl sich verändert hat. Schauen Sie an dieser Stelle, was Sie jetzt brauchen. Das kann ein Gefühl sein, wie z.B. Zuwendung oder Ruhe. Schauen sie, was sie dafür machen können (jetzt gleich oder noch am gleichen Tag), wie Sie diese Ruhe oder diese

Zuwendung bekommen können. Versuchen Sie das so lange, bis sie etwas gefunden haben.
Tipp: das negative Gefühl, was Sie haben. Gehen Sie also in sich, schauen Sie in ihre Vergangenheit, wo Sie dieses oder ein ähnliches Gefühl schon einmal hatten und schauen Sie dann, was hat Ihnen dabei geholfen, damit es besser wurde.
Auch das erfordert etwas Übung – aber üben müssen wir alles, wenn etwas neu ist.
Schreiben Sie auch auf, in wie weit Sie ihrem Ziel näher kommen. In Worten, Gefühlen und auch in Zahlen (z.B. 0 bis 10, 0 = weit weg – 10 = erreicht). Nach jeder Selbsthypnose sind schon Veränderungen möglich, die schriftlich festzuhalten, zeigt Ihnen deutlicher die Veränderungen und motiviert gleichzeitig weiter zu machen.

Lassen sie mich noch anmerken: Gerade am Anfang kann es ohne Protokoll passieren, das sie das eigentliche Ziel aus den Augen verlieren. Das könnte zu Enttäuschungen führen, weil Sie Ihr Ziel nicht erreicht haben.
Mit der Übung bekommen sie immer mehr ein gutes Gefühl zu sich und immer mehr Sicherheit in der Selbsthypnose. Somit werden Sie immer weniger dieses Protokoll benötigen.

Was ist die selbsterfüllende Prophezeiung?

Die selbsterfüllende Prophezeiung ist im Allgemeinen schon bekannt, doch gibt es auch die selbstzerstörende Prophezeiung. Beides möchte ich hier nun erklären.
Beide Begriffe gehen auf Robert K. Merton (*1910 - †2003 war Us-amerikanischer Soziologe) zurück.
Hierbei geht es darum, das sich eine Vorhersage erfüllt, weil sich derjenige unbewusst genau so verhält, dass die Prophezeiung in Erfüllung geht und bei der selbstzerstörenden Prophezeiung, eben genauso verhält, auch unbewusst, dass die Vorhersage sich nicht erfüllt.
Dadurch, dass das eigene Verhalten unbewusst und völlig unbemerkt abläuft, glauben die Menschen, wenn sich Prophezeiung erfüllt hat, einen Beweis erhalten zu haben, dass eben genau diese Prophezeiung stimmt.
Bevor ich nun das Prinzip genauer erkläre, möchte ich hier ein paar Beispiele für beide Prophezeiungen geben.

<u>Zur selbsterfüllenden Prophezeiung.</u>
In positiver Form:

Das bekannteste Beispiel und auch Experiment dazu stammt dem Jahre 1968 und kommt von Robert Rosenthal (*1933, ist deutscher Professor für Psychologie an der University of California, Riverside) und erklärt alles, finde ich.
In einer Schule überzeugten das Kollegium die Schüler davon, dass bestimmte, von ihm zufällig ausgewählte Schüler so genannte hochintelligente „Aufblüher" seien, die in Zukunft hervorragende Leistungen zeigen würden. Das wurde in einer sehr überzeugenden Art erklärt. Bei einer Intelligenzmessung am Schuljahresende hatten sich die meisten dieser „intelligenten" Schüler tatsächlich im Vergleich zu ihrem am Anfang des Schuljahres erfassten Intelligenzniveau stark verbessert (45 Prozent der als „Überflieger" oder „Aufblüher" ausgewählten Kinder konnten ihren IQ um 20 oder mehr Punkte steigern und 20 Prozent konnten ihn gar um 30 oder mehr Punkte steigern). Dieses Phänomen wurde als Rosenthal-Effekt benannt, basiert aber auf der Selbsterfüllenden Prophezeiung. (*3 – Wikipedia)

In negativer Form:

- Der Glaube und die Aussage zu einem bestimmten Ereignis, wie z.B. „ich werde versagen", führen schließlich auch zum Versagen.
- „Meine Beziehung hält eh nicht, er (oder sie) wird mit betrügen".
- Oder die Angst davor, dass bei der bevorstehenden Blutdruckmessung der Blutdruck hoch ist, lässt ihn tatsächlich ansteigen.
- Auch die weiter oben erwähnten Aufdrucke auf Zigarettenschachteln können hier eingeordnet werden: „Rauchen verursacht Lungenkrebs" – diese ständige Aussage kann dann eben genau dazu führen.

Zur selbstzerstörenden Prophezeiung.
Mit einer Aussage, so gut zu sein, dass man eine Wahl ganz sicher gewinnt, führt dazu, dass die die dieses Wählen unterstützen sollten, nun fern bleiben, weil sie glauben, dass die eh schon gewonnen haben und diese Stimme nicht mehr brauchen. Resultat daraus – Verloren, weil zu viele weg geblieben sind.
Auch über Gerüchte ist dieses möglich: Wenn, aus welchem Grund auch immer, über ein Restaurant erzählt wird, es sei pleite und habe Insolvenz angemeldet. Dann kann es sein, dass viele Menschen weg bleiben, weil sie glauben, es hat eh keinen Zweck mehr dort hinzugehen, weil es eh bald geschlossen wird. Dadurch kann ein Restaurant dann tatsächlich in die Insolvenz gehen.

Doch wie funktioniert es?
Dabei möchte ich nochmals auf die o.g. drei Gesetze hindeuten (ab Seite 28). Erinnern sie sich, dass ein Gehirn nicht unterscheiden zwischen der reinen Vorstellung oder der Realität? Für das Gehirn ist alles real. Das innere Verhalten, die innere Realität findet

unbewusst statt, das heißt wir „reden uns das nicht extra ein", sondern bewusst sind wir nicht dieser Meinung, das läuft auf der unbewussten Ebene ab.
Diese „innere" Realität" führt zu äußeren (realen) Handlungen und/oder Verhaltensweisen.
Schon im Jahre 1928 wurde dieses Phänomen von amerikanischen Soziologen beschrieben:
„Wenn die Menschen Situationen als wirklich definieren, sind sie in ihren Konsequenzen wirklich."
(W.I. Thomas und D.S. Thomas)

Bleiben wir dafür bei dem negativem Beispiel: „Meine Beziehung hält eh nicht, er wird mich mit Sicherheit betrügen."
Der feste innere Glaube daran (natürlich völlig unbewusst), dass sie Beziehung scheitert und zwar durch Betrug, kann dann dazu führen, dass sich dieser Mensch genau so verhält, das er den anderen praktisch in den Betrug „treibt". Durch extremes Misstrauen, Eifersuchtsszenen oder durch extreme Kontrolle. Diese Szenen führen dann u.U. in häufige Streitereien – das Paar lebt sich dadurch mehr und mehr auseinander. Ein Seitensprung wird immer wahrscheinlicher.
Und wenn er dann passiert, kann sich diese Person innerlich zurück lehnen und zu sich sagen: „Siehst du, ich hab es doch gewusst"
Doch was in die eine Richtung funktioniert, in diesem Fall negativ, funktioniert genauso in die andere, die positive Richtung!
Achten Sie also auf ihre Gedanken, sie werden Wirklichkeit. Schon Buddha sagte: „Du bist, was du denkst."
Tatsächlich ist es so, denken Sie positiv – fühlen sie positiv und es entwickelt sich positiv.

An dieser Reaktion Ihres Körpers sehen Sie, das wir (nur wir) mit unseren Gedanken auch unsere Gefühle steuern. Nicht nur die Gefühle, auch unsere Gestik und unsere Mimik.
Also, achten Sie auf ihre Gedanken – seien Sie achtsamer mit sich selber.

Die Selbsthypnose, mit Text zur Selbsthypnose

Selbsthypnose bedeutet das, was das Wort schon sagt, sich selber in Hypnose zu versetzen, ohne dass das von außen durch jemand anderen gesteuert wird.
Es bedarf natürlich etwas Übung. Am Anfang ist es mit Texten, die Sie sich zur Hilfe nehmen etwas leichter. Mit der Zeit, wird es leichter und leichter. Auch ist es am Anfang am besten, die Selbsthypnose täglich zu durchzuführen. Je häufiger, desto schneller der positive Effekt.
Ich möchte hier Schritt für Schritt erklären, wie Sie es lernen.

Als erstes beginnt die Selbsthypnose (wie auch die Fremdhypnose), mit dem Anker setzen. Der Anker, mit dem ihr Körper lernt, auf eine bestimmt Berührung mit Ruhe zu reagieren.

Ich werde nun alles in einzelnen Schritten aufführen. Bitte üben Sie jeden einzelnen Schritt erst einzeln für sich und dann immer nacheinander weiter. Übern Sie ruhig einen Schritt mehrfach, bis Sie ihn können, bevor Sie den nächsten Schritt nehmen.
Sagen Sie sich bitte diese Worte in inneren langsam, „rattern" Sie diese Worte nicht einfach runter, sondern geben Sie sich die Zeit (durch kurze Pausen z.B.), diese inneren entstandenen Bilder wirken zu lassen.
Beginnen Sie erst mit einem weiteren Schritt, wenn Sie spüren, dass der vorherige Schritt „sitzt". Bauen Sie aufeinanderfolgend auf, also erst Schritt 1, dann Schritt 1 mit Schritt 2 zusammen. Wenn Schritt 2 auch gut funktioniert, kommt zu Schritt 1 und 2 nun Schritt 3 dazu, usw.
Im Vorfeld ist das leichte auswendig können der folgenden Texte eine Vereinfachung des Übens.

Nehmen Sie eine bequeme Körperhaltung ein. Sie müssen nicht liegen, wenn Sie nicht wollen, jedoch ist es im Liegen entspannter. Natürlich geht es auch im Sitzen. Setzen oder legen Sie sich also ganz entspannt hin. Vielleicht lassen Sie im Hintergrund eine schöne Entspannungsmusik laufen. Die gibt es im Handel zu kaufen. Es sollte eine Musik sein, bei der Sie sofort spüren, wie Sie beruhigend auf Sie wirkt. Behalten Sie diese Musik bei (zu mindestens so lange, bis sie die Selbsthypnose schon etwas können, danach ist ein Wechsel kein Problem), denn auch diese Musik ist ein Anker für ihren Körper.

Schritt 1
Anker setzen.
Legen oder setzen Sie sich also nun bequem hin.

„Ich schließe meine Augen und höre nur auf die Musik. Ich höre nur auf die Musik und lasse mich von der Musik tragen.
Ich lasse mich von der Musik an einen schönen Ort bringen. Es ist mein Ort der Ruhe.
Ich sehe meinen Ort. Genau so sieht mein Ort aus.
Ich fühle meinen Ort. Genau so fühlt sich mein Ort an.
Ich höre meinen Ort. Genau so hört sich mein Ort an.
Ich rieche meinen Ort. Genau so riecht mein Ort.
Ich schmecke meinen Ort. Genau so schmeckt mein Ort."

Spüren Sie dabei, wie Sie tiefer in ihre Unterlage sinken oder wie schwer Ihr Körper dabei wird.
Wenn Sie das alles genießen können und diesen schönen Ort der Ruhe innerlich erleben, dann sagen Sie sich, bei geschlossenen Augen, innerlich folgendes:

„Ich werde gleich mit meinem Finger (Anmerk: Fingerspitze) *meine Stirn berühren. Und immer, wenn mein Finger meine Stirn berührt, dann schließe ich meine Augen (*in diesem Fall innerlich, vor dem geistigen Auge) *und sinke sofort in eine tiefe Hypnose hinein, die dann mit jedem Atemzug noch tiefer wird."*

Dann berühren Sie bitte ihre Stirnmitte, mittig zwischen den Augenbrauen, mit ihrem Finger. Und schließen innerlich die Augen und lassen sich tiefer in die Hypnose hinein sinken. Lassen Sie Ihren Arm, gleichmäßig dahin absinken. Steuern Sie das bitte nicht zu stark. Sie können ihn natürlich nach korrigieren, wenn er unbequem liegen sollte.

Schritt 2
Einleitung
Sie legen Sie sich nun bequem hin oder setzen sich bequem. Sie halten die Augen auf. Sie halten den Finger, den Sie für Schritt 1 benutzt haben über ihre Augen. So, dass ihre Augen nach oben schauen müssen. Der Abstand zwischen Finger und Gesicht beträgt ca. 20cm.
Sie schauen nun nur noch auf Ihren Finger. Und sagen zu sich folgendes:

„Ich sehe nur meinen Finger.
Ich werde gleich von 3 bis 1 zählen und wenn ich bei 1 angekommen bin, dann berührt mein Finger meine Stirn. In dem Moment, wo mein Finger meine Stirn berührt, schließe ich meine Augen und sinke sofort in eine tiefe Hypnose. Eine tiefe Hypnose, die genau XX Minuten dauert. Nach XX Minuten werde ich ganz von alleine wieder wach.
Meine innere Aufgabe ist YY! Meine äußere Aufgabe ist ZZ."

Ersetzen Sie meinen Platzhalter „XX“ durch die Zeit, die sie in Hypnose sein möchten, also wie viel Minuten o.ä.
Ersetzen Sie meinen Platzhalter „YY“ durch das, was Sie in der Hypnose erleben möchten (z.B. Erholung o.ä.) und den Platzhalter „ZZ“ durch das, was Sie nach der Hypnose erleben möchten (z.B. frisch erholt zu sein o.ä.).
Dann langsam von 3 bis 1 zählen und dabei langsam den Finger Richtung Stirn bewegen. Bei 1 berührt Ihr Finger Ihre Stirn und Sie schließen sie Augen. Lassen Sie nun ihren Arm absinken, so dass er bequem liegt.
Erlauben Sie sich nun, dass Sie spüren, wie Sie in die Ruhe sinken und an ihren Ruheort gleiten.

Sagen Sie sich nun in ihrem Inneren:

„Ich konzentriere mich nur auf meine Ruhe und auf die Musik. Nur die Musik und nur meine Ruhe. Und immer, wenn mein Finger meine Stirn berührt, dann schließe ich meine Augen (innerlich) *und sinke sofort in eine tiefe Hypnose hinein, die dann mit jedem Atemzug noch tiefer wird.“*

„Und wenn Gedanken kommen wollen, dann lasse ich diese Gedanken kommen, aber ich lasse sie auch wieder gehen, wie Wolken. Wolken kommen, sie gehen aber auch wieder. Manche Wolken kommen schnell und gehen auch wieder schnell, manche Wolken kommen langsam und gehen auch nur langsam, aber sie gehen. Ich lasse meine Gedanken kommen, aber ich lasse sie auch wieder gehen, egal ob schnell oder langsam. Und immer, wenn mein Finger meine Stirn berührt, dann schließe ich meine Augen (innerlich) *und sinke sofort in eine tiefe Hypnose hinein, die dann mit jedem Atemzug noch tiefer wird.“*

Dann gehen Sie mit einem der folgenden Texte tiefer in die Hypnose hinein:

„Ich stell mir nun einen schönen bunten Wassertropfen vor. Und diesen bunten Wassertropfen gebe ich nun in ein ganz kleines Bächlein.
Sofort fängt der bunte Wassertropfen an, sich mit vielen anderen Wassertropfen zu vermischen. Kleine Steine erzeugen Strudel und mein bunter Wassertropfen fließt hindurch.
Dieses Bächlein fließt nun in einen Bach und mein bunter Wassertropfen fließt mit. Und ich lasse ihn fließen.

Dieser Bach fließt nun in einen Fluss. Und mein bunter Wassertropfen fließt mit und ich lasse ihn fließen.
Dieser Fluss fließt nun in die unendliche Weite des offenen Meeres hinaus. Weiter weg, noch weiter weg – ganz weit weg.
Und obwohl ich meinen bunten Wassertropfen nun nicht mehr sehen kann, weiß ich doch, er ist da. Eingebunden in unendlich viele Wassertropfen.
Alleine für sich genommen mag mein bunter Wassertropfen schwach erscheinen, aber eingebunden in unendlich viele Wassertropfen ist er unendlich stark. Und NICHTS vermag ihn aufzuhalten.
Genau wie meine Gedanken. Wenn ich meinen Gedanken erlaube, in die unendliche Weite des offenen Gedankenmeeres hineinfließen zu lassen. Und alleine für sich mag mein Gedanke schwach erscheinen, doch eingebunden in unendlich viele Gedanken ist er unendlich stark. Und NICHTS vermag ihn aufzuhalten."

Oder sie nehmen folgenden Text:

„Ich stelle mir nun eine Stoffpuppe vor. Eine Puppe ganz aus Stoff. Alles an dieser Puppe ist aus Stoff – schöner Stoff.
Ich hebe nun das linke Bein der Stoffpuppe an. Und lasse es dann, wenn es oben ist, einfach los. Ich sehe, wie schlapp dieses Bein einfach runter fällt. Es fällt einfach runter.
Nun erlaube ich meinem linken Bein, genauso schlapp zu sein!
Jetzt schaue ich mir das rechte Bein der Stoffpuppe an. Ich versuche, das Bein angewinkelt hin zu stellen und lasse es los. Auch hier sehe ich, wie das Bein aus Stoff einfach in sich zusammen sackt.
Nun erlaube ich meinem rechten Bein, genauso in sich zusammen zu sacken.
Von meiner Stoffpuppe schaue ich mir nun den linken Arm an. Auch hie, hebe ich diesen linken Arm einfach mal an und lasse ihn dann, wenn er oben ist, einfach los. Und ich sehe, wie auch der Arm meiner Stoffpuppe einfach schlapp runter fällt.
Und ich erlaube nun meinem linken Arm, dass er genauso schlapp einfach runter fällt.
Nun schaue ich mir den rechten Arm meiner Stoffpuppe an. Vielleicht geb ich in meiner Vorstellung mal meiner Stoffpuppe die Hand, so als würde ich sie begrüßen. Ich schüttele ihr zur Begrüßung die Hand. Und ich sehe, wie schlapp, ja schlabbrig schlapp der Arm meiner Stoffpuppe ist.
Und nun erlaube ich meinem rechten Arm, genauso schlapp, ja schlabbrig schlapp zu sein.
Jetzt versuche ich meine Stoffpuppe mal hin zu setzen. Und ich sehe, wie meine Stoffpuppe einfach immer in sich zusammen sackt. Ich setze sie hin, sie sackt zusammen. Ich setze sie hin, sie sackt zusammen.

Und nun erlaube ich meinem Rücken, genauso in sich zusammen zu sacken. Dabei sinken auch meine Schultern hinunter und mein Kopf liegt mit seinem vollen Gewicht auf der Unterlage.
Mein ganzer Körper ist genauso schlapp wie der meiner Stoffpuppe."

Oder folgenden Text:

„Ich stelle mir nun eine Treppe vor. Eine Treppe, mit 10 Stufen hinunter und ich stehe oben. Und mit jeder Zahl, die ich mir gleich sagen werde, werde ich eine Stufe tiefer hinunter gehen. Und mit jeder Stufe, die ich hinunter gehe, gehe ich tiefer in meine Ruhe hinein. Ich fange nun an.

10 Ich gehe jetzt langsam die erste Stufe auf meiner Treppe der Entspannung hinunter. Jeder Muskel und jeder Nerv ist locker und entspannt.
9 Noch tiefer ..... viel viel tiefer ..... während eine wunderbare Welle des Wohlbefindens meinen gesamten Körper durchströmt.
8 Mit jedem Ausatmen, gleite ich tiefer und tiefer in meine Ruhe hinein.
7 Geräusche der Außenwelt, egal ob leise im Hintergrund oder unerwartet laut, bringen mich noch tiefer in meine Ruhe hinein.
6 Ich gehe ruhig und gelassen tiefer hinunter
5 Ich schaue zurück, wie tief ich schon gegangen bin, um mit („4")
4 noch tiefer hinunter zu gehen.
3 noch tiefer - viel viel tiefer - gleite ich hinunter. Tiefer, als es überhaupt möglich ist..
2 so ruhig - so entspannt - so friedlich - so tief
1 Ich bin fast am Ende meiner Treppe angekommen. Und bei der nächsten Zahl sage ich „lasse los" und dann lasse ich alles los und gebe jedes Festhalten auf und lasse mich tief in meine Ruhe hineinfallen. Die Ruhe trägt mich.
0 Lasse los! Ich gebe alles Festhalten auf. Kein Festhalten! Ich lasse mich von der Ruhe tragen, die Ruhe trägt mich. Je mehr ich loslasse, desto tiefer sinke ich in den Ozean der Ruhe hinein.

Niemand möchte etwas von mir, ich muss mich um niemanden kümmern – nur um mich! Diese Zeit gehört mir. Mir allein! Alles hat Zeit für später!"

Probieren Sie ruhig alle Texte aus und nehmen Sie dann den Text, der Ihnen persönlich am besten gefällt.
Hiermit ist nun Schritt 2 abgeschlossen.

Schritt 3
Unterbewusstsein öffnen.
Die bildliche Vorstellung vom Öffnen des Unterbewusstseins macht es viel einfacher.
Dazu benutzen sie bitte folgenden Text:

„Ich sehe nun das Tor zu meinem Unterbewusstsein. Das Tor, was sich nun ganz langsam öffnet, während mein Bewusstsein tiefer in die Ruhe gleitet. Ich kann sehen, wie sich mein Unterbewusstsein öffnet und wie mein Bewusstsein tiefer in die Ruhe gleitet. Und ich kann mich nun in mein Unterbewusstsein hinein sinken lassen. Ganz leicht, wie eine Feder, die von hoch oben tiefer und tiefer hinunter sinkt – ganz leicht, ganz zart. Dort ist ein angenehm helles Licht, das Licht meines Wissens. Je tiefer ich sinke, desto wohler fühle ich mich. Ich sinke tiefer hinein – noch tiefer. Je tiefer ich sinke, desto wohler fühle ich mich.
Mein Unterbewusstsein ist hell wach und ist für mich bereit, einen Weg zu finden, mein Ziel zu erreichen. Dabei ist es für mich unwichtig, ob ich bewusst weiß, wie dieser Weg aussieht oder es für mich völlig unbewusst geschieht. Es geschieht! Ich erreiche mein Ziel. Und ich lasse es einfach geschehen, dass mein Unterbewusstsein diesen Weg findet, dass ich mein Ziel erreiche. Ich erreiche mein Ziel!

Schritt 4
In dieser Phase kommt jetzt Ihre persönlich erstellte Suggestion zum Tragen.
Bitte setzen sie hier also ihren eigenen Text ein.

„Ich bin ....“

Schritt 5
Ausleitung

Diese benutzen Sie bitte, wenn Sie das Gefühl haben, Ihre Selbsthypnose beenden zu wollen, bevor die automatische Auflösung (siehe Schritt 2) einsetzt oder sie beim Üben noch nicht an Schritt 2 angekommen sind.

„Ich werde gleich bis 5 zählen und wenn ich bei 5 angekommen bin, dann öffne ich meine Augen und befinde mich wieder bei vollem Bewusstsein.

1; 2 „Ich nehme ein paar kräftige Atemzüge“; 3; 4 „Ich bewege Arme und Beine“; und 5, „Ich öffne meine Augen und bin bei vollem Bewusstsein.“

Je länger Sie die Selbsthypnose beherrschen, desto kürzer wird es dauern, dass Sie in der für Sie tiefen Trance angekommen sind. Wenn Ihr Körper es richtig gelernt hat, auf bestimmt Handlungen (der Finger auf der Stirn) und bestimmte Worte (z.B. „Wassertropfen“ oder „Stoffpuppe“) mit dem dazugehörigen Verhalten zu reagieren, brauchen Sie später nur auf den Finger schauen, den Text aus Schritt 2 dazu zu sagen, danach (wenn also die Augen geschlossen sind) nur noch das Wort „Wassertropfen“ oder „Stoffpuppe“ oder „Treppe“ innerlich sagen und schon gleiten Sie sehr schnell in die Trance.

Lassen Sie mich noch sagen, dass die Worte „Wassertropfen“, „Stoffpuppe“ oder die „Treppe“ Beispiele sind, sie können natürlich auch ein anderes Wort verwenden.

Die Time – Line – Technik, zum Erreichen der eigenen Ziele

„Time-Line“ bedeutet direkt ins deutsche übersetzt „Zeitlinie“ und genau die wird zum Erreichen der eigenen Ziele benutzt. Das Wort stammt daher, weil wir Menschen alle unsere Erfahrungen chronologisch abspeichern, wie auf einer Linie nebeneinander aufgereiht. Diese Technik wurde in den 80gern Jahren entwickelt und stammt von den

NLP (Neurolinguistisches - Programmieren)- und Hypnosespezialisten Tad James und Wyatt Woodsmall.
Wir sprechen umgangssprachlich ja auch vom „Lebensfluss". Ein Fluss, der irgendwo in der Vergangenheit, an der Quelle, beginnt, durch die Gegenwart fließt und vage in die Zukunft fließt, das Ende ist nicht sichtbar.

Die Time-Line-Technik ist eine Ressourcenarbeit zum persönlichen Wachstum. Sie benutzt unsere Erfahrungen aus der Vergangenheit für neue Ziele. Denn unser jetziges Leben wird wesentlich von unseren Erinnerungen geprägt. Manche Fachleute sind der Überzeugung, dass wir die Summe aus unseren Erinnerungen sind, d.h., das was wir sind, sind wir nur durch unsere Erinnerungen, also unserer Vergangenheit.
Diese Vergangenheit kann auch sehr gut genutzt werden, um unsere Ziele zu erreichen. Und genau dazu nutzen wir die Time-Line hier.

Die Time-Line ist stark motivierend. Die Erfahrung hat gezeigt, dass, wenn wir eine Motivation spüren, innerhalb von 48 Std die ersten Schritte dafür in die Wege leiten müssen, um wirklich dem Ziel näher zu kommen und es schließlich auch zu erreichen. Wenn sie länger warten, werden sie u.U. die Motivation verlieren. Sie verlieren nicht das Interesse an ihrem Ziel, aber für den Moment die Motivation. Dieses führt u.U. zur eigenen Verärgerung oder gar zu Frustrationen. Welches, wenn es häufig passiert, zur Resignation führen kann und gar zum inneren Abwerten sich selbst gegenüber („ich krieg's eh nicht hin") und mit der Zeit verlieren Sie Ihr Ziel aus den Augen, aber die innere Verärgerung bleibt.....

Die Time-Line sollte regelmäßig gemacht werden. Regelmäßig bedeutet, min. 1x im Monat. Dadurch bleiben Sie aktiv an ihrem Ziel, erkennen immer neue Dinge, die Sie machen können, um Ihrem Ziel immer wieder einen Schritt näher zu kommen.

Ziel richtig definieren bzw. setzen

Das Ziel sollte genau nach dem Prinzip der Suggestion aufgebaut sein. Selbst bei „einfachen" Formulierungen, sollte das beachtet werden.
Nehmen wir die Gewichtsreduktion: Sagen Sie sich nicht nur „Ich möchte schlank sein". Setzen sie sich dabei ein realistisches Ziel, was sie erreichen möchten. Also z.B. Wie viel

möchten sie als Zielgewicht wiegen. Holen Sie sich genau diese Zahl vor Ihr inneres Auge. Definieren Sie ihr Ziel so genau wie möglich.

Nehmen sie immer die Frage mit rein: „woran würde jemand, der mich länger nicht gesehen hat, erkennen, das ich mein Ziel erreicht habe?“ Woran? Am Verhalten, am Auftreten, am Aussehen, an der Ausstrahlung? Woran? Nehmen sie diese Antwort mit in die Zielsetzung hinein.

Auch beachten Sie bitte hier die Formulierung, dass Sie ihr Ziel schon erreicht haben und nicht erst erreichen möchte. Also nicht: „Ich werde XX kg wiegen“, sondern „Ich wiege XX kg.“

Ich werde über die Texte folgendes Zeichen setzen: SH für Selbsthypnose und FH für Fremdhypnose. Die FH-Texte, bitte erst vorlesen lassen, solange bis Sie Ihre passenden Passagen gefunden haben. „Passenden Passagen gefunden“, bedeutet: Sie werden Textpassagen hören, die Ihnen besonders gut gefallen, Textpassagen, die bei Ihnen eine besonders gute oder gar große Wirkung haben. Genau diese Passagen werden später reichen, um in die Trance zu gleiten.
Für den Vorlesenden: Bitte lesen Sie langsam vor. Langsam mit ruhiger, sanfter Stimme.

Hier nun der Time-Line-Text - FH

„Bitte mach Dir das heutige Datum ganz bewusst (Datum von heute nennen). Sieh es richtig!
Heute ist der Zeitpunkt der Veränderung! Der Zeitpunkt, wo Du beschlossen hast, alles Notwendige zu tun, egal was es auch sein mag, um dein Ziel zu erreichen – und Du erreichst es. Denn heute (Datum nennen) ist der Zeitpunkt der Veränderung.

Bitte geh nun in die Vergangenheit. Irgendwo in der Vergangenheit. Du befindest dich an einem Zeitpunkt, wo Du schon mal ein Ziel erreicht hast – ein Ziel, was du unbedingt erreichen wolltest und erreicht hast. Z.B. die Führerscheinprüfung, die Ausbildung o.ä.“
Kurze Pause
„Erlebe dieses Gefühl dazu wieder! Erinnere Dich an diese Situation, als sei sie wirklich gerade JETZT passiert. Erleb sie nochmal. Spüre das Gefühl – Du hast es geschafft! Ja! DU hast es geschafft.
Lass dieses Gefühl größer in Dir werden – noch größer. Du hast es geschafft! Die Freude, der Sieg – DEIN Sieg!“ Kurze Pause

„Bitte gehe nun in die Zukunft. Über den heutigen Tag hinaus. Ich weiß nicht, wie weit in die Zukunft, das ist auch egal. Aber Du bist dort in der Zukunft, wo Du Dein Ziel XX (Ziel benennen) erreicht hast. Du bist an Deinem Ziel angekommen. Schau, wie Du aussiehst, dort an deinem Ziel." Ganz kurze Pause
„Schau, in welcher Situation Du Dich gerade befindest." Ganz kurze Pause
„Schau, was sich in Deinem Leben nun verändert hat." Ganz kurze Pause
„Fühle, was du fühlst, jetzt, wo du Dein Ziel erreicht hast." Ganz kurze Pause
„Schau, wie sich Dein Tagesablauf verändert hat." Ganz kurze Pause
„Schau, wie sich Dein Umfeld jetzt aussieht.2 Ganz kurze Pause
„Schau, mit welchen Menschen Du Dich jetzt umgibst." Ganz kurze Pause
„Fühle, wie toll sich das alles anfühlt und wie toll das alles aussieht – fühle es und sehe es. Dein Ziel, Dein Sieg. Du bist stolz auf dich!" Kurze Pause
„Nun schau Dich um. Irgendwo liegt ein Kalender oder eine Tageszeitung – irgendetwas aus dem hervor geht, welcher Tag heute ist – welches Datum wir heute haben. Schau Dich um. Nimm Dir die Zeit, die Du brauchst. Und wenn Du das Datum gefunden hast, dann gebe mir ein Zeichen." Warten bis Zeichen kommt, z.B. eine kurze Handbewegung.
(Anmerk.: Dieses „Zeichen geben" findet nur solange statt, wie sie es sich vorlesen lassen. Wenn sie an dem Punkt angekommen sind, wo sie die Time-Line verinnerlicht haben, sehen sie das Datum selbstständig und ohne Anleitung vor ihrem inneren Auge)

Datum benennen lassen, wenn es gefunden wurde.
„Nun schau zurück. Du erinnerst Dich zurück, an den Tag der dein Leben so positiv verändert hat. DU weißt es noch ganz genau, es war ein XX, es der xx.xx.xxxx (Datum vom realen heute einsetzen). Dort begann alles.
„Nun siehst Du, was Du seit diesem Tag alles unternommen hast, um Dein Ziel zu erreichen." Ganz kurze Pause
„Du siehst, was Du alles verstanden hast, um Dein Ziel zu erreichen". Ganz kurze Pause
„Du siehst, was Du alles dazu gelernt hast, um Dein Ziel zu erreichen". Ganz kurze Pause
„Du siehst, was Du alles in Deinem Leben verändert hast, um Dein Ziel zu erreichen." Ganz kurze Pause
„Du siehst, welche Maßnahmen notwendig sind, um Dein Ziel zu erreichen." Ganz kurze Pause
„Du siehst, welche Opfer notwendig sind, um Dein Ziel zu erreichen. Und sei es nur das Opfer Zeit, denn Du weißt, Jeder muss etwas dafür tun, muss Opfer bringen, um sein Ziel zu erreichen. „Du siehst, wofür Du Zeit benötigst und welche Art von Zeit es ist." Ganz kurze Pause
„Du siehst, welche Entscheidungen Du treffen musst, um Dein Ziel zu erreichen." Ganz kurze Pause

„Schau Dir alles genau an." Pause

„Du siehst den Tag, der Dein Leben so positiv verändert hat." (Datum von heute benennen). Kurze Pause
„Dieses Datum ist heute, heute ist der xx (benennen). Du bist wieder im Heute. Und von hier schaust Du nun in die Zukunft, Du siehst den Tag xx (Datum der Zukunft benennen, welches in der Zukunft gesehen wurde).
Dabei siehst Du nun, welche Maßnahmen ab sofort notwendig sind, um Deinem Ziel einen Schritt näher zu kommen. Du siehst, was du dafür noch heute tun kannst – sieh es und erledige es. Heute!" Kurze Pause
„Nun siehst Du, was Du morgen tun kannst, um deinem Ziel wieder einen Schritt näher zu kommen. Sieh es und erledige es. Morgen." Kurze Pause
„Nun siehst Du, was Du bis zum Ende der Woche erledigen kannst, um Deinem Ziel noch näher zu kommen. Erledige es, bis zum Ende der Woche." Kurze Pause
„Nun siehst Du, was Du bis zum Ende des Monats erledigen kannst, um deinem Ziel noch näher zu kommen. Sieh es und erledige es, bis zum Ende des Monats." Kurze Pause
„Erledige es! Jetzt! Morgen! Bis zum Ende der Woche! Und bis zum Ende des Monats. Erledige es!!!"

Solange Sie Ihr Ziel noch nicht erreicht haben und die Time-Line als weitere Unterstützung regelmäßig wiederholen, können Sie, wenn Sie wollen, das schon vorhandene Datum der Zukunft wieder einsetzen. Es dient auch als weiterer Anreiz, es bis dahin zu schaffen.
Das „heutige" Datum jedoch entspricht wirklich immer genau dem heutigen Datum!

Hypnose und Schmerzen

Hypnose und Schmerzen gibt es schon sehr lange. Es wurden schon im ersten Viertel des 19. Jahrhundert Operationen mit Hypnose durchgeführt (*4 - Franz-Anton Mesmer). Aufgrund der entstandenen Narkosemittel (was natürlich auch gut ist), ist die Hypnose bei

Operationen in den Hintergrund geraten. Bekannt geblieben, bis heute, ist die Hypnose in der Zahnmedizin. Hier ist sie gebräuchlich, zur Schmerzlinderung, als Ersatz zur Narkose (viel Menschen haben Angst vor Spritzen) aber natürlich auch zur Angstreduktion.
Heute bewährt sich die Hypnose besonders bei chron. Erkrankungen. Dabei geht es hauptsächlich darum, die Selbstheilungskräfte zu aktivieren und damit die Medikamentengabe zu reduzieren oder gar ganz ohne Medikamente auszukommen Jedoch möchte ich auch darauf hinweisen, das es Erkrankungen gibt, wo das Reduzieren von Medikamenten möglich ist, aber NICHT das völlige Absetzen!
Dass wir alle Selbstheilungskräfte besitzen, hat Albert Schweitzer sehr schön beschrieben: „Patienten tragen ihren eigenen Arzt in sich. Sie kommen zu uns und wissen nichts von dieser Wahrheit. Das Beste, was wir tun können ist, dem inneren Heiler unserer Patienten die Chance zu geben, seine Arbeit zu tun."

Doch das ist in der Behandlung von Schmerzen mit Hypnose nicht alles. Es geht auch darum, dass JEDE Krankheit eine Information für sie ist. Eine INFORMation, die sie (durch die Selbsthypnose) dazu nutzen, um wieder INFORM zu kommen.
Dazu gibt es einen sehr schönen Spruch, den mir mal eine Patientin mit gebracht hat, der von U. Schaffer ist:
„Geh Du vor, " sagte die Seele zum Körper, "auf mich hört er nicht, vielleicht hört er auf Dich."
"Ich werde krank werden, dann wird er Zeit für Dich haben." sagte der Körper zur Seele.

Diese Information gibt jeder Körper an den Menschen ab, doch hören die Menschen selten darauf. Oftmals beginnt eine Erkrankung in der Seele, doch die kann sich nicht mit uns in Verbindung setzen – außer, der Mensch wird krank. Diese Information sagt uns unsere Seele über den Körper. Die Seele „sagt" uns über diese Erkrankung was ihr fehlt oder was sie sich wünscht. Doch der Mensch versucht eher alles weg zu drängen. Problem dabei ist, das es sich genauso verhält, wie im alltäglichen Leben, je mehr wir etwas versuchen zu unterdrücken, desto lauter muss es werden.
Ein Beispiel dazu: Sie als Mutter oder Vater haben eine wirklich wichtige Botschaft für Ihr Kind. Sie gehen zu dessen Zimmer und klopfen an die Tür. Doch was kommt von innen? „Lass mich in Ruhe." Doch Ihre Botschaft ist wichtig, also was machen Sie? Sie klopfen lauter und sagen etwas dazu, wie z.B. „es ist aber wichtig." Doch was kommt als Antwort? „Mir egal, will ich nicht hören." Und so geht es weiter: Sie werden lauter und lauter, bis Sie vielleicht sogar richtig böse werden........
Genau so verhält es sich mit der Information im Schmerz, wenn Sie nicht „hin hören" und oftmals können sie nicht hin hören, weil das ganze unbewusst abläuft, dann wird die unterbewusste Botschaft heftiger werden (müssen)!

Lassen Sie mich noch ein paar allgemeine Informationen geben, die nicht alle mit Hypnose zu tun haben, aber sehr gute Zeichen dafür sind, das wir selber auch etwas machen können, damit unser „innerer Heiler" aktiv wird:

- Wenn ein Kind fällt und sich weh tut, dann (und das kennen Sie), wird der Schmerz mehr (!), wenn Sie mit dem Kind schimpfen oder es im Schmerz zu sehr unterstützen. Wenn Sie aber das Kind liebevoll unterstützen, sich ihm zuwenden (aber dabei nicht zu sehr bedauern), dann lässt der Schmerz schnell nach.
- Sie haben bestimmt schon festgestellt, dass, wenn Sie selber Stress haben, schlecht zufrieden sind, Ängste haben oder unangenehme Momente vor sich haben, Schmerzen deutlicher und/oder stärker vorhanden sind. Angenehme Situationen wie Urlaub, Freude und besonders Liebe, den Schmerz reduzieren oder gar für die Zeit vergessen lassen. Das zeigt, dass unsere Gefühle unser Schmerzempfinden beeinflusst.

Fazit: Wir können unseren Schmerz beeinflussen!

Ich werde in meiner Praxis oft gefragt, ob ich nicht einfach den Schmerz „weg hypnotisieren" könne. Doch muss ich das sofort verneinen. Das ist tatsächlich nicht gut. Das gilt auch für die Selbsthypnose. Und das aus folgendem Grund: Stellen Sie sich folgendes vor: Sie (oder jemand anderer) hat Magenschmerzen. Nun soll durch die Hypnose der Schmerz „einfach" weg hypnotisiert werden und das gelingt auch. Soweit so gut, der Schmerz ist weg. Doch nun stellen Sie sich mal vor, der Schmerz wird durch einen bösartigen Tumor ausgelöst. Der Schmerz dazu ist aber weg. Das heißt der Betreffende geht nicht mehr zum Arzt. Warum auch, er ist ja beschwerdefrei. In dieser Zeit kann der Tumor weiter wachsen – und dann????
Deshalb gilt immer (auch für die Selbsthypnose) – Vorab eine Abklärung durch einen Arzt oder Heilpraktiker, wenn die Ursache noch nicht geklärt sein sollte!
Des Weiteren würden die wirklich wichtigen Informationen, die die Seele über den Körper gibt, verloren gehen und es kann zu einer Symptomverschiebung kommen. Salopp ausgedrückt würde das aus Sicht des Körpers bedeuten: Ich habe eine Information für meinen Menschen, über die Krankheit X kann ich es ihm nicht mehr mitteilen, also such ich mir Krankheit Y.
Was bedeutet, es würde eine neue Krankheit an anderer Stelle entstehen.

Deshalb ist das „einfache weg hypnotisieren" von Schmerzen ist nicht ratsam.
Obwohl es dabei Ausnahmen gibt. Ausnahmen sind z.B. akute körperliche Traumata, Geburten, Schmerzen beim Zahnarzt o.ä. Wenn dabei die med. Versorgung geregelt ist, ist bei diesen akuten Erkrankungen eine reine Suggestion zur Schmerzfreiheit möglich.

Es gibt noch einen weitern Punkt, der hier angesprochen werden sollte. Dieser Punkt kommt bei jeder Erkrankung (auch bei Krebs) zum tragen – der sog. „Sekundärgewinn". Das bedeutet zweitrangiger (sekundär) Gewinn einer Erkrankung/Schmerzen. Vielleicht fragen Sie sich jetzt, „gibt es einen Gewinn bei einer Erkrankung?" Ja, den gibt es. Bei jedem Menschen, bei Ihnen und auch bei mir – bei wirklich jedem. Es ist der (oftmals) unbewusste Vorteil den Schmerzen und Krankheiten mit sich bringen. Sicher kommt jetzt eine Frage von Ihnen: „Schmerzen (!) bringen einen Vorteil???" Ja!
Sie kennen es, wenn Sie krank sind, bekommen Sie Aufmerksamkeit, Sie bekommen Zuwendung, Sie müssen für bestimmte Bereiche keine Verantwortung übernehmen, weil Sie ja krank sind, Sie dürfen sich aufs Sofa legen und liegen bleiben, usw., usw., usw.
„Ach das", werden Sie jetzt sagen. Ja, „das". Im Normalfall ist jeder Mensch bereit diesen Sekundärgewinn für die eigene Gesundheit auch wieder abzugeben. Doch kann es eben sein, dass dieser Gewinn tief im Inneren so fest verborgen liegt, dass der Körper aus diesem Grund gar nicht heilen kann!
Ein Beispiel dazu: zu mir in die Praxis kam eine Patientin, die die Diagnose Gebärmutterkrebs bekommen hat. Ich arbeitete als aller erstes suggestiv mit ihr, was ich ihr auch als CD zur Selbsthypnose mit nach Hause gab. Dann arbeiteten wir an der Information, die diese Erkrankung ihr gab. Sie sagte zu mir, dass sie ständig in der Trance das Wort „Pause" sehe oder höre. Sie könne dagegen nichts machen, das Wort käme einfach. Wir arbeiteten mit dem Wort „Pause". Es stelle sich folgendes heraus: Ihr Mann hat einen Handwerksbetrieb und sie arbeitete im Büro dieses Betriebes. Eine Arbeit die sie sehr stresste. eine Auszeit Doch selber gab es kaum, es war nie die Zeit dafür. Wenn Zeit war und sie dann etwas anderes machen wollte, sagte ihr Mann dass das jetzt auf gar keinen Fall geht. Sie wollte nicht viel, nur einfach gerne mal mit Freundinnen frühstücken gehen – nicht täglich und auch nicht einmal pro Woche, sondern nur gelegentlich. Doch es ging einfach nie. Dann kam die Diagnose. Und plötzlich war alles anders. Ihr Mann hatte natürlich große Angst um seine Frau und wollte dass sie wieder gesund wird und dass es ihr gut geht. Und was passierte? Er „drängte" sie praktisch dazu, doch mal mit Freundinnen frühstücken zu gehen, sich Auszeiten zu nehmen.
Da lag der Gewinn: Durch die Erkrankung durfte sie sich endlich die Auszeiten nehmen, die sie brauchte und dafür musste sie sich nicht einmal anstrengen.
Das erkannte sie und sagte zu mir: „Das muss ich ändern, denn so habe ich ja eher einen Nutzen krank zu bleiben. So werde ich nie gesund. Ich muss lernen, mich für mich selber einzusetzen, ohne Ausrede ‚ich bin ja krank'. Ich darf das alles auch, wenn ich gesund bin!"
Sie änderte es, in dem sie ihrem Mann sagte, dass er sie wieder so „behandeln" soll wie vor der Erkrankung. Und sie „kämpfte" für sich und ihre Freiheiten, mit dem inneren Satz „Ich darf das!", womit sie die Zeit für sich selber zu nehmen meinte, ohne an andere zu denken, ohne an die Firma zu denken, sondern nur an sich!

Der Krebs heilte aus! Ich übertreibe nicht, wenn ich dazu sage, sie wäre unter Umständen gestorben, wenn dieser Sekundärgewinn nicht aufgedeckt worden wäre, denn dann hätte die Krankheit eine wichtige Funktion gehabt und wäre „geblieben" und somit schlimmer geworden.

Der Sekundärgewinn ist sehr wichtig im Heilungsverlauf. Den ausgeprägten Sekundärgewinn aufdecken, ist meiner Meinung nach, fast nur mit einem Therapeuten möglich. Warum ich Ihn hier erwähne? Weil das ein wichtiger Punkt ist! Der Sekundärgewinn ist kaum bewusst spürbar und doch so wichtig. Auch kommt er zum tragen, wenn sich bei den Symptomen keinerlei Veränderung einstellt (siehe hierzu das Kapitel „Was schaff ich allein, wann brauch ich Hilfe?", Seite 85).

Wie nutzen Sie nun die Hypnose für sich?
Es gibt dazu unterschiedliche Möglichkeiten, die ich im Anschluss genauer mit dazugehörigen Texten beschreibe, hier nun kurz aufzähle:

- Die Selbstheilungskräfte aktivieren, durch Ihre Vorstellungskraft. Denn genau so, wie sie Schmerzen im alltäglichen Leben beeinflussen können (siehe oben, Innerer Heiler), so können Sie auch die Heilung beeinflussen.
- Die Suggestion mit Ihren persönlich erstellten Texten, aber auch mit meinen Vorgaben (siehe unten). Diese sind besonders von Nutzen, um zu zeigen, dass Sie auch die Kontrolle über den Schmerz haben. Dieses wiederum ist besonders wichtig für Menschen, die gerne die Kontrolle bei sich haben und bei Schmerzen das Gefühl haben, die Kontrolle völlig verloren zu haben.
- Bildliche Gestalt des Schmerzes, dieses Bild verändern. Damit ist gemeint, dass in Hypnose (auch Selbsthypnose) sehr häufig der Schmerz eine Gestalt annimmt, wie z.B. ein gefährliches Tier, ein Sturm, ein schwerer Stein, eine Einbahnstraße, usw. Dieses Bild wird in der Trance verändert, dadurch verändert sich das empfinden zu dem alten Bild und somit auch die Empfindung zum Schmerz.
- Eine Erkrankung (auch psychische) entsteht oftmals (besonders bei chron. Erkrankungen) durch ein Ungleichgewicht in einem selber. Also ein zu viel und/oder zu wenig an einer bestimmten Stelle. Beispiel: Ein zu viel an Stress ein zu wenig an Ruhe. Das ist mit Sicherheit das wohl bekannteste Beispiel in unserer Gesellschaft, aber es gibt natürlich weit aus mehr, wie ein Ungleichgewicht im/in Geben – Nehmen; Festhalten – Loslassen; Trauer – Hoffnung; Anspannung – Entspannung; Einsamkeit – Geselligkeit; Langeweile – Beschäftigung; Aufopferung – Dankbarkeit. Ein inneres Gleichgewicht ist immer im Leben wichtig für Gesundheit.
- Emotionalität zum Schmerz verändern. Jeder Schmerz löst auch ein Gefühl oder eine Emotionalität dazu aus. Diese Emotionalität wird verändert, so wird dem

Schmerz „diese grausame Macht genommen“, die der Schmerz über den Menschen hat.

Nun aber genug Theorie, gehen wir zum aktiven Teil.

Ich werde über die Texte wieder folgende Zeichen setzen: SH für Selbsthypnose (bitte Schritt für Schritt einüben, wie oben erwähnt) und FH für Fremdhypnose, also bitte vorlesen lassen.

Selbstheilung aktivieren – FH

„Lass Dich nun in eine schöne Stadt, mit Fußgängerzone gleiten. Du bist in dieser Fußgängerzone und läufst dort entlang. Du siehst die vielen Menschen, die Geschäfte und hörst die vielen Geräusche. Während Du dort läufst, nimmst Du plötzlich eine Seitenstraße wahr. Eine für Dich interessante Seitenstraße. Du gehst in diese Straße hinein. Dort ist es leise, die ganzen Stimmen und Geräusche sind in der Fußgängerzone geblieben. Du läufst dort entlang, als Du eine Werkstatt auf der anderen Straßenseite siehst. Eine Werkstatt, die Dein Interesse weckt. Dort gehst Du nun hin. Und Du gehst hinein. Es ist eine besondere Werkstatt. Alles ist besonders sauber und die Wände sind weiß. Es befindet sich ein Arbeitstisch/Werkbank in der Werkstatt. Auf dem Arbeitstisch/Werkbank befinden sich viele Arten von Wegzeugen auf dem Tisch. Auch diese sind alle sehr sauber und glänzend. Du siehst eine Tür in der Werkstatt auf der das Wort „Lager“ steht. Neben dem Arbeitstisch/Werkbank befindet sich ein sehr bequemer Sessel. In diesen setzt Du Dich nun hinein. Ein wirklich bequemer Sessel. Dort setzt Du dich hinein.
Und jetzt, ist es so, dass Du Dich in diesem Sessel sitzen sehen kannst. Du siehst Dich dort sitzen. Während Du Dich dort sitzen siehst, passiert etwas. Dein Körper in diesem Sessel verändert sich. Er wird wie aus Glas. Du kannst in deinen Körper hinein sehen. Du siehst alles von deinem Körper. Du siehst, deine Muskeln, deine Knochen. Auch siehst du deine Organe, deinen Magen, dein Herz. Alles. Und währen Du Dich so siehst, siehst Du einen Bereich in Dir, der nicht so ist, wie er sein sollte. Er fällt auf, vielleicht durch Schmerz, vielleicht durch eine andere Farbe, vielleicht durch eine Fehlfunktion.
Und genau diesen Teil, den baust Du nun aus. Alles was Du an Werkzeugen dafür benötigst steht Dir zur Verfügung. Nimm Dir die Zeit und bau den Bereich aus.“
Kurze Pause
„Nun legst Du diesen ausgebauten Teil auf den Arbeitstisch und Du baust ihn auseinander. Nimm Dir sie Zeit und bau ihn auseinander.“ *Kurze Pause*

„Und jetzt siehst Du, was getan werden muss, damit es zu seiner vollen Funktionsfähigkeit kommen kann. Vielleicht muss es gereinigt werden, vielleicht müssen Teile ausgetauscht werden. Wenn das der Fall sein sollte, dann gehst du in den Raum auf dessen Tür „Lager" steht. Dort findest Du alles, was notwendig ist, damit es zu seiner vollen Funktionsfähigkeit zurück kommt. Verrichte nun alle arbeiten, die notwendig sind." *Pause*

„Nun, wo alle arbeiten verrichtet sind, baue alles wieder zusammen. Und jetzt, wo alles zusammen gebaut ist, baue es wieder in zurück in deinen Körper. Baue es wieder ein".

Kurze Pause

„Nun weißt Du, was Du tun musst, damit dieses Teil Deines Körpers wieder seine Arbeit aufnimmt. Du sorgst dafür, dass es wieder vollständig durchblutet wird und seine Arbeit wieder aufnimmt. Schau, wie es seine Arbeit aufnimmt und schau, wie es arbeitet."

Kurze Pause

„Und nun setze Dich wieder selber in diesen Sessel – Du bist selber in diesem Sessel.

Spüre – fühle nun, wie dieser Bereich JETZT arbeitet, wie gut es sich anfühlt. Fühle es deutlich. Nimm Dir solange die Zeit, bis Du dieses neue Arbeiten spüren kannst."

Kurze Pause

„Jetzt nimm Dir langsam die Zeit, diese Werkstatt wieder zu verlassen, mit dem Wissen, das Du jederzeit hier her zurück kehren kannst, um weiterhin alle Arbeiten zu verrichten, die notwendig sind, damit auch weiterhin dieser Bereich so arbeitet, wie es jetzt ist.

Du gehst nun hinaus, in eine ganz neue Freiheit – spüre sie!"

Ich habe bewusst nicht das Wort Schmerzen o.ä. genommen, so können Sie diese Suggestion auch auf andere Funktionsstörungen anwenden, besonders gilt das, für das folgende Kapitel.

Suggestion zur Kontrolle von Schmerzen - FH

„Und jetzt, da Du tiefer und tiefer, tiefer und immer tiefer in die Entspannung gleitest, bitte ich Dich, Dir selbst die Erlaubnis zu geben, durch Zeit und Raum zu gleiten an einen Ort, an dem Du Dich vollkommen sicher fühlst. Vielleicht ist es ein Ort, an dem Du schon einmal warst. Oder vielleicht ist es irgendein Ort, zu dem Du schon immer einmal gehen wolltest. Lass einfach Dein Unterbewusstsein Dich dort hin bringen, während Du Dich entspannst. Schau Dich für einen Moment an diesem Ort um. Stell fest, wie friedlich es jetzt gerade hier ist. Höre Dir die angenehm wohltuenden Klänge um Dich herum an und gleite tiefer und tiefer, tiefer und immer tiefer in die Entspannung. Nimm Dir einfach einen Augenblick Zeit und lass diese Gelassenheit in Dir wachsen. Erlaube der Gelassenheit,

Dich von den Zehen bis zu Deinem Kopf zu durchströmen. Lass dieses wohlige Gefühl fließen – lass es strömen."

Pause

„Wie Du jetzt weiter und weiter entspannst, erlaube Deinem Geist, sich an Deine Beschwerden und Schmerzen zu erinnern."

Pause

„Jetzt lass den Schmerz eine bestimmte Form annehmen, ein bestimmtes Aussehen oder eine Figur darstellen. Er könnte auch wie eine bestimmte Sache oder wie ein Objekt aussehen. Er könnte auch eine Farbe haben. Ganz egal was es ist, lass es jetzt in Deinen Gedanken erscheinen. Schau es Dir genau an. Du weißt, Du hast diesen Schmerz als Information in deiner Vergangenheit gebraucht, doch nun ist eine neue Zeit. Eine neue Zeit, in der sie diese Information nicht mehr brauchst. Sage diesem Objekt Deines Schmerzens nun dass es nicht mehr willkommen ist. Es ist überflüssig geworden. In der Vergangenheit war es gut und wichtig, um Dir etwas mitzuteilen und du hast diese Information verstanden. Und nun erlaubst Du diesem Objekt, Deinen Körper zu verlassen. Erlaube Deinem Körper, dieses Objekt freizulassen. Bleibe bitte immer freundlich. Bedanke Dich bei diesem Objekt für seine wichtigen Dienste und erlaube ihm jetzt, Deinen Körper zu verlassen. Sage diesem Objekt, dass Du Dich entschieden hast gesund, glücklich und so stark zu sein und dass Du seine Nachricht verstanden hast. Erlaube jetzt der Macht Deines Unterbewusstseins, für Dich zu arbeiten. Stelle Dir vor, dass dieses schmerzhafte Objekt kleiner und kleiner wird; es verringert seine Größe. Es schrumpft kleiner und kleiner. Nun, da Dein Unterbewusstsein die Größe des Objektes minimiert, wird auch der Schmerz selbst geringer. Er wird weniger und weniger, weniger und immer weniger. Er beginnt zu verschwinden, gleitet weg, weiter und weiter und immer weiter weg gleitet er, gleitet heraus aus Deinem Körper und Du spürst, wie auch das Objekt Deinen Körper verlässt."

Pause

„Jetzt entspanne Dich einfach tiefer und tiefer, tiefer und immer tiefer entspannst und beginne zu spüren, wie gut und wunderbar Du Dich fühlst. Du fühlst Dich so gut und wunderbar, dass Du beschließt, ab heute Deinen Körper dort zu beschützen, wo bislang der Schmerz war. Ab sofort wird Dein Unterbewusstsein heilende Kräfte durch Dein zentrales Nervensystem an den verwundbaren Punkt schicken und Deinen Körper darin unterstützen, dort eine mächtige Schutzhülle aufzubauen. Stell Dir vor, diese Schutzhülle ist ein angenehmes heilendes blau. Es schmiegt sich ganz harmonisch und angenehm um die zu schützende Stelle. Es hält alles von der Stelle fern, was ihr schadet. Und immer wenn sich dieser Stelle etwas nähert, was der Stelle oder dem Körper schadet, lässt das Blau dieses abprallen und löst es in Nichts auf. Es prallt ab und löst sich auf. Du kannst sehen, wie es sich auflöst. Vielleicht zerspringt es in so viele Einzelteile, dass nichts davon übrig bleibt oder es wird vom Blau umschlungen und löst es somit auf, bis wieder nur absolutes Blau übrig bleibt. Diese blaue Schutzhülle wird dort so lange bleiben,

wie es notwendig ist, um diesen Teil Deines Körpers komplett zu heilen. Lasse diese blaue Schutzhülle stark und voller Energie werden. Stärker und stärker und immer stärker, bis diese blaue Schutzhülle alles von diesem Bereich Deines Körpers fernhalten kann, was ihm schadet - alles. Und es mühelos alles auflöst, was ihm schadet. So stark und voller Energie, dass jede Beschwerde und jeder Schmerz, der versucht an diese Körperstelle zu gelangen, sofort abprallen und zerbrechen wird.
Jetzt entspanne Dich einfach, tiefer und tiefer, tiefer und immer tiefer, nimm Dir einen Augenblick Zeit, um Dein Wohlbefinden zu genießen - Dein Wohlbefinden, genieße dieses schöne Gefühl, sich gut zu fühlen – ja, ich fühl mich gut!"

Weitere Suggestion zur Selbstheilung - FH

„Stell Dir nun vor, Du bist auf einer wunderschönen Wiese mitten in der Natur. Es ist Natur –pur! Dann siehst Du einen schönen Wasserfall. Einen besonderen Wasserfall. Es ist ein Wasserfall aus funkelndem, buntem, flüssigem Licht.
Du tauchst ein in diesen funkelnden Wasserfall aus flüssigem Licht und beginnst darin zu baden. In Gedanken streckst Du Dich dieser Dusche aus flüssigem Licht entgegen und atmest tief durch. Du öffnest Dich ganz weit dem flüssigem Licht, um eins zu werden mit diesem herrlich strahlenden Licht und als wäre Dein Körper nach oben hin geöffnet, fließt jetzt dieses reine Licht in Dich hinein. Über Deinen Kopf und Deine Wirbelsäule breitet sich nun dieses wundervolle und flüssige Licht in Deinem gesamten Körper aus. Ja, bis in die Zehen, bis in die Fingerspitzen. Überall. Das Licht fließt nun ganz gezielt in die Bereiche, die besonders der Heilung bedürfen. Schau hin. Genau in die Bereiche, die besondere Aufmerksamkeit benötigen. Widme Dich nun einer Stelle, die besondere Aufmerksamkeit benötigt. Nicht 5 Stellen, auch nicht 2 Stellen. Nur einer einzigen Stelle. Die Stelle, die nicht so funktioniert, wie Du es gerne hättest. Lass nun genau an diese Stelle dieses flüssige Licht fließen." *Kurze Pause*
„Achte nun auf Dich. Tief in Dir gibt es dein Zentrum. Dein tiefes inneres Zentrum. Mit dem Zentrum Deiner Stimme tief in Dir. Die Stimme, die genau weiß, was wirklich gut für Dich ist. Diese Stimme schickt Dir gleich 2 oder 3 Worte. Worte, die genau beschreiben, was wirklich gut für Dich und für Deine Stelle in Dir ist. Vielleicht sind es Worte wie Ruhe, Stärke oder Leben, vielleicht sind es auch ganz andere Worte. Es sind wichtige Worte! Höre jetzt auf diese Worte, die Dir Dein tiefe innere Stimme in Dir nun sagt – hör hin!"
Pause
„Nimm nun diese Worte und sprich sie, still und leise für Dich, zu deiner Stelle, die besondere Aufmerksamkeit benötigt. Sage diese Worte zu dieser Stelle. Immer wieder und immer wieder. Sage sie freundlich und sanft – immer wieder."

Kurze Pause

„Sieh wie gut diese Worte dieser Stelle tun. Sieh wie die Stelle sich verändert – sie heilt! Sage die Worte immer wieder und sieh wie die Stelle weiter heilt. Wie gut es ihr mit Deinen Worten geht. Es sind genau die drei worte, die diese Stelle benötigt."

Kurze Pause

„Widme Dich nun noch mehr dieser Stelle, widme Dich ihr ganz und gar. Sprich zu ihr. Sage diese drei Worte zu dieser Stelle.

Lass das flüssige Licht an diese Stelle fließen und sprich die drei Worte zu dieser Stelle. Ganz zart, ganz liebevoll."

Kurze Pause

„Spüre, spüre ja, fühle, wie es dieser Stelle gut tut, das Du diese drei Worte sagst, das dieses flüssige Licht an dieser Stelle nun ist – fühle es und sehe es!"

Kurze Pause

„Sehe, wie sie aufblüht. Sehe, wie sie heilt. Sehe, wie wohl es der Stelle damit geht – sehe es und fühle es!"

Kurze Pause

„Ein Gefühl von Leichtigkeit und Freiheit erfüllen Dich – ein Gefühl von Gesundheit!"

Pause von 1-5 Minuten

„Mit diesem wunderschönen Gefühl, gehst Du nun aus dem Wasserfall heraus und kommst wieder auf die wundervolle und schöne Wiese. Mit einer ganz neuen Leichtigkeit gehst Du diese Wiese entlang. Mitten auf der Wiese steht ein Baum, genau an diesen Baum setzt Du Dich und lehnst Dich an diesen Baum an. Spüre ihn in deinem Rücken. Spüre die Stärke – in Dir! Die Sonne scheint so schön, von diesem schönen blauen Himmel.

Deine neue Zukunft beginnt jetzt.

Bitte nehmen Sie diese Worte auch mit in ihren Alltag – wie eine Gebetsmühle.

Positive Gefühle wecken - SH

Diesen Weg beschreibe ich Ihnen wieder in unterschiedlichen Schritten, das macht es leichter:

1. Schritt: Begeben sie sich bitte in die Trance und dann versetzen Sie sich möglichst intensiv in ihren Schmerz. Spüren Sie diesen Schmerz, auch in ihrem Körper. Lassen Sie den Schmerz zu. Wenn er in dieser Trance nicht spürbar sein sollte, dann versetzen Sie sich in eine Situation zurück, wo Sie den Schmerz besonders stark gespürt haben und fühlen Sie dann den Schmerz nach.

Schritt 2: Spüren Sie genau nach, welches Gefühl, welche Emotion dieser Schmerz bei Ihnen auslöst. Fühle Sie es genau nach. Es könnte etwas sein, wie z.B. Angst, Traurigkeit, Wut oder Verzweiflung. Bewerten Sie dieses Gefühl nicht, nehmen Sie das Gefühl an, was dazu kommt.

Schritt 3: Gehen Sie nun durch ihr Leben, was hat ihnen bisher immer gutgetan, wenn sie dieses negative Gefühl hatten. Was hat ihnen geholfen? War es Ruhe oder Genießen oder irgendetwas anderes? Was war es? Benennen Sie das, was Ihnen gut geholfen hat. Als Beispiel sage ich jetzt mal „Ruhe".

Schritt 4: Gehen sie nun in Ihr Leben zurück. Schauen Sie, wo Sie genau diese Art von Ruhe erlebt haben. Das kann das Schaukeln in einem Schaukelstuhl gewesen sein. Wenn Sie wissen, was es ist, dann schauen Sie sich genau an, was es ist. Lassen Sie es wieder vor ihrem Auge lebendig werden!

Schritt 5: Erleben Sie diese Situation möglichst real, also mit allen Sinnen. Fühlen, sehen, höre, riechen und schmecken. Erleben Sie diese Situation, in der sie z.B. die Ruhe finden, wieder!

Schritt 6: Gehen Sie nun genau mit dieser Situation (also das evtl. Sitzen im Schaukelstuhl) in Ihre Schmerzsituation. Versuchen Sie, die Schmerzen mit dieser neuen Situation zu „tauschen". Das klingt kompliziert. Es bedarf auch ein wenig Übung, doch genau das ist es, was Ihr Körper braucht. Und wenn Sie sich die Zeit der Übung geben, dann wird Ihr Körper diesen „Tausch" annehmen. Es ist auch kein Tausch in dem Sinne des Wortes, sondern es ist genau das, was ihr Körper gerade braucht.

Positive Ressourcen wecken - SH

Auch dieser Weg, in unterschiedlichen Schritten.

Schritt 1: Gehen Sie wieder in die Trance und fühlen Sie Ihren Schmerz. Wenn Sie ihn in der Trance nicht spüren können, versetzen Sie sich in eine vergangene Situation, wo Sie genau diesen Schmerz gespürt haben.

Schritt2: Geben Sie nun diesem Schmerz eine Gestalt, eine Form oder eine Farbe. Lassen Sie bitte wieder genau das zu, was ihnen ihr Unterbewusstsein schickt. Egal, ob es sich um eine lächerliche Gestalt oder gar um eine peinliche Gestalt handelt, lassen Sie es zu! Und wenn Sie mögen, dann berühren sie diese Gestalt.

Schritt 3: Verändern Sie nun diese Gestalt! Nehmen Sie dazu die Fragen: „Was brauche ich, damit sich diese Gestalt verändert? Womit kann ich diese Gestalt verändern? Was wird aus dieser Gestalt, wenn ich sie verändere, wie sieht sie dann aus?“
Bitte verändern Sie diese Gestalt so lange, bis Sie eine für sich schöne, gute oder ruhige Gestalt gefunden haben.

Schritt 4: Lassen Sie diese neue, schöne Gestalt deutlich sichtbar werden. Sehen Sie sie. Spüren Sie sie. Fühlen Sie, wie gut sich diese Gestalt anfühlt. Ja, und wenn möglich, hören, riechen und schmecken Sie diese Gestalt. Nehmen Sie sich bitte Zeit dafür.
Geben Sie nun bitte diesem Gefühl einen Satz!
Auch nun wieder: Wie eine Gebetsmühle, wiederholen sie ihn. Immer wieder, immer wieder.

Schritt 5: Achten Sie genau darauf, wie sich auch ihr Schmerz dadurch positiv verändert hat. Nehmen Sie es deutlich wahr!

Schritt 6: Berühren Sie sich nun an einer alltäglich unauffälligen Stelle, z.B. die eine Hand umfasst das andere Handgelenk, ganz locker. Oder nehmen Sie das, was ihnen am besten zusagt. Sagen Sie sich dann dazu: „Immer, wenn ich meine Hand 8oder das was Sie für sich gewählt haben) berühre, sehe und fühle ich mein schönes neues Gefühl, mit dem Satz: XXXXX (nennen sie hier ihren passenden Satz dazu)“. Lassen Sie dann bei diesem Gefühl immer wieder, die neue Gestalt, mit allen Sinnen aufleben. Wiederholen Sie bitte diesen Schritt 6 wieder, also: nehmen Sie die Hand wieder weg, nehmen Sie wieder Ihre Ausgangsposition ein. Lassen Sie den Schmerz kurz aufflackern. stellen Sie sich die neue Gestalt mit ihren Sinnen und den Satz genau in dem Moment vor, wenn Sie wieder ihr Handgelenk mit der Hand (oder Ihre gewählte Berührung) berühren.

Bitte setzen Sie sich diesen Anker (also das Berühren des Handgelenkes und die dazugehörigen Sinnesgefühle und dem Satz) auch im Alltag – immer wieder. Und natürlich ganz besonders, wenn der Schmerz kommt. Üben Sie diesen Anker, mit Satz und Sinnesgefühle dazu, immer wieder.

Wenn ihr Körper das neue Verhalten gelernt hat, geht ins Unterbewusstsein und dieses neue Gefühl setzt sich anstelle des Schmerzes „fest“.

Geben Sie nicht auf. Wiederholen Sie es immer wieder. Bedenken Sie, auch das Laufen haben Sie gelernt. Und das, obwohl Sie unendliche Male hingefallen sind und sich u.U. sogar richtig dabei weh getan haben. Sie haben es gelernt, weil Sie immer wieder aufgestanden sind und nicht aufgeben haben!

Hypnose und Krebs

Das ist immer wieder ein sehr wichtiges und natürlich großes Thema. Es ist letztlich so groß, das ich fast ein eigenes Buch über Hypnose und Krebs (sowie auch Schmerzen) schreiben könnte. Denn Krebserkrankungen an sich stellen schon ein großes Thema da. Somit gehört es auch in dieses Buch!

Vor ab wieder allgemeine Dinge zu diesem Thema.

Was ist Krebs? Krebs ist eine Autoimmunerkrankung, wie auch Rheuma und /oder Morbus Basedow (eine Schilddrüsenerkrankung). Was bedeutet das nun? „Autoimmun“ bedeutet eine extrem große Reaktion des Immunsystems gegen körpereigenes Gewebe. Irrtümlich erkennt der Körper dieses körpereigene gute Gewebe als zu bekämpfendes Gewebe. Ich nenne Krebs genau aus diesem Grund autoaggressive Erkrankungen. Autoaggressiv, weil es sich um eine verselbstständigte (automatisch) aggressive Erkrankung gegen sich selber gerichtet hat und verselbständigt hat. Auch beim Krebs ist

das der Fall. Bei Krebs bedeutet das, dass eigene "gute" Zellen zu „schlechten/bösen" Zellen entarten. Salopp könnte dazu gesagt werden: Der Körper sieht sich selbst als Feind an, ein Feind, der zerstört werden muss. Und er zerstört – sich selber.
Eine weitere Erklärung für Krebs ist, dass eine Autoimmunerkrankung schon im Vorfeld besteht und daraus die Entartung der Zellen entstanden ist, was dann zu einer Krebserkrankung führt. Damit ist gemeint, dass die Zellen schon im Vorfeld gutartig verändert sind (gutartige Knoten oder Geschwülste) und dann im laufe der Zeit aus dieser gutartigen Veränderung eine bösartige Veränderung der Zellen entsteht – der Krebs.
Egal welches Geschehen nun den Krebs entstehen lässt – es ist eine Erkrankung, die zu einer Zerstörung des eigenen Gewebes führt. Der Körper zerstört sich selber!

Eine weitere Theorie zur Krebsentstehung ist folgende: es seien häufiger Menschen betroffen, die nicht „nein" sagen können. Dieses Problem, und das weiß jeder den es betrifft, verärgert einen selber ungemein. „Verdammter M….., jetzt habe ich wieder etwas gemacht, was ich eigentlich gar nicht wollte." Diese innerliche Verärgerung zerfrisst einen Menschen, im wahrsten Sinne des Wortes.

Die Vorstellung, dass das eigene Denken oder Fühlen mit verursachend sein könnte bei der Entwicklung einer Krebserkrankung, ruft bei Ihnen jetzt vielleicht eine Verärgerung, ein Missfallen oder gar Ängste hervor. Aber Sie wissen, dass wir eine Einheit aus Körper und Seele sind. Und unser Kopf für alles mitverantwortlich ist. Mitverantwortlich, weil ALLES eine Einheit darstellt. Es geht nicht um, „dann bin ich ja selber Schuld", denn das sind Sie nicht. Es geht um das „Erkennen". Erkennen, das es Dinge in uns gibt die Körper und Seele missfallen und uns das der Körper, über die Erkrankung/Symptome mitteilt. Wir hören jedoch oftmals nicht hin, sondern befinden uns in einem Kampf. Einen Kampf mit uns, dem Leben, der Erkrankung, dem Symptom oder wir befinden uns in (Selbst-) Mitleid, nach dem Prinzip, „warum ich?" Nutzen Sie also die Information, damit es sich verändern kann!
Manche Menschen bekommen etwas Angst, wenn es darum geht, sich dem Tumor mehr und direkt zuzuwenden. Diese Menschen haben Angst dass der Tumor weiter wachsen könnte, wenn sie ihm „Aufmerksamkeit" geben. Doch das Gegenteil ist der Fall, denn der Tumor bekommt jetzt Aufmerksamkeit, die er benötigt. Und genau durch diese Aufmerksamkeit, muss er nicht noch lauter (größer) werden. Denn sie wissen: je mehr sie den Tumor weg drängen, desto lauter muss er werden, damit sie ihn wahrnehmen.
Das heißt also im Umkehrschluss, sich dem Tumor zuwenden ist nichts Negatives!
Wichtig ist dass sie keine schnelle Heilung erwarten. Geben Sie sich eine tiefe Ruhe in sich selber, mit dem Vertrauen, das sie gesund werden!
Ihr Körper hat schon so viele Leistungen vollbracht – wirklich viele. So einen Tumor wachsen zu lassen war auch eine Leistung, wenn natürlich eine negative/unerwünschte –

aber eine Leistung. Ihr Körper hat ihn wachsen lassen, somit kann er ihn auch wieder kleiner werden lassen.
Also auch hier: Was in die eine Richtung funktioniert (also in so einem Fall negativ), funktioniert auch in die andere Richtung – also positiv.

Zu wissen, das Sie sich in eine neue, positive Richtung beeinflussen zu können, gibt ein Gefühl von Macht. Denn viele Menschen erleben sich als machtlos und hilflos ausgeliefert gegenüber den zerstörenden Zellen, doch so wird Ihnen gezeigt das Sie sich helfen können, also aktiv handelnd sind, nicht passiv ausgeliefert.

Was bewirkt die Hypnose?

- Schmerzreduktion und Schmerzdissoziation , wie auch im Kapitel vorher.
- Minimierung der Nebenwirkungen bei Chemotherapie
- Tiefenentspannung
- Selbstheilung aktivieren, wie im Kapitel vorher
- Problemlösungen finden
- Psychisches Befinden wird besser
- Ängste reduzieren, wie z.B. die Angst vor dem Wiederausbrechen der Krankheit
- Schuldgefühle, Selbstzweifel und unbewusste Selbstbestrafungstendenzen effektiv bearbeiten

Wobei die beiden letzten Punkte (also Ängste und Schuldgefühle), fast nur in Begleitung eines Therapeuten möglich sind.

Auch bei der Erkrankung Krebs gilt ganz besonders: Es ist ein Ungleichgewicht entstanden, ein zu viel und ein zu wenig führten mit zur Erkrankung. Nutzen Sie ihre Informationen, um in ein Gleichgewicht zu kommen. Ein Gleichgewicht von z.B. Geben – Nehmen, Festhalten – Loslassen, Trauer – Hoffnung, Anspannung – Entspannung, Einsamkeit – Geselligkeit, Langeweile – Beschäftigung, Aufopferung – Dankbarkeit.
Von daher ist es hier ganz besonders wichtig die positiven Ressourcen zu wecken (siehe Kapitel „Schmerzen“) sowie auch die Informationen aus dem Schmerz zu nutzen (auch Kapitel „Schmerzen“).
Natürlich gehören auch hier, alle Suggestionen hin, die auch im Kapitel „Hypnose bei Schmerzen“ aufgeführt sind. Verwenden sie bitte auch diese!

Wichtige Anmerkung: Die Hypnose ist wirklich effektiv. Ersetzt aber nicht die konventionelle Therapie, wie Operation, Chemotherapie und/oder Bestrahlung. Die Hypnose ist hierbei sehr effektiv als Begleitung (damit Nebenwirkungen geringer ausfallen oder gar weg fallen) und natürlich als Nachbehandlung – auch in der Selbsthypnose!

Bitte nehmen sie hierfür auch die Texte, die im Kapitel „Hypnose und Schmerzen“ stehen. Und bitte die Texte, aus dem unten folgenden Kapitel „Hypnose für mich“.

Hypnose für mich

„Die Hypnose für mich selber? Das ist doch alles hier für mich selber, oder?“ Falls Sie sich so etwas gerade fragen – Ja, Sie haben recht.

Ich meine hiermit die Hypnose zur Entspannung/Ruhe, Wellnesshypnose aber auch zur Selbstfindung. Dieses Kapitel richtet sich an die Menschen, bei denen Sorgen oder Erkrankungen nicht die Auslöser sind, die Hypnose zu benutzen. Zu mindestens stehen diese Sorgen nicht im Vordergrund, Ruhe und Erholung aber fehlen.

In unserer heutigen Zeit geht leider die eigene Entspannung und die inneren Ruhe immer mehr verloren. Manche Menschen sind nicht mehr in der Lage richtig abzuschalten, sie sind in ständiger Anspannung. Doch unser Körper braucht die Ruhe und die Erholung, um sein „Akkus“ wieder voll aufzuladen.

Nehmen Sie z.B. das Handy als Beispiel: Es ist immer für Sie da. Sie können es überall mit hin nehmen. Es arbeitet und arbeitet. ABER – es gibt zwischendurch immer eine gewisse Zeit, die braucht das Handy für sich selber, um seine Akkus wieder aufzuladen. Das ist die Zeit, wo es an der Steckdose hängt. Egal, wie sehr Sie es auch wollen, Sie können in dieser Zeit das Handy nicht mitnehmen. Wenn Sie es doch machen, es mitnehmen, bevor sein Akku richtig voll ist oder es nicht aufladen – dann wird irgendwann das Display vom Handy ausgehen und die Frage ist, ob es wieder angeht???

So ist es mit Ihrem inneren Akku auch – auch das MUSS regelmäßig aufgeladen werden, damit ihr inneres Display nicht irgendwann ausgeht. Und damit es nicht ausgeht, müssen auch Sie „an die Steckdose“. Und wenn Sie an „ihrer Steckdose“ liegen, dann können Sie für die Zeit nicht für andere arbeiten! Solange, bis ihr Akku wieder voll aufgeladen ist. Gönnen Sie Ihrem Akku das Aufladen – Ihrem Handy gönnen Sie es ja auch!

Ich möchte Ihnen noch einen Grund nennen, warum Sie etwas für sich selber machen sollten: Sie gehen doch regelmäßig duschen, oder? Doch, warum machen Sie das? Warum nehmen Sie sich täglich diese Zeit, obwohl wir in unserer heutigen Zeit eh kaum Zeit haben?
Sie machen das, damit Sie sauber sind und gut reichen. Damit Sie gepflegt sind – Sie pflegen sich damit.
Wir verwenden am Tag ca. 30 Min. für diese körperliche Pflege. 30 Minuten – jeden Tag. Egal ob es passt, ob Sie Lust haben, ganz egal, Sie duschen denn es gehört einfach zu unserem täglichen Leben dazu.
Sie wissen, dass Körper und Seele EINE Einheit darstellen. Und evtl. haben Sie schon davon gehört, dass es auch eine sog. Psychohygiene gibt. Die Psychohygiene ist die Lehre vom Schutz und der Erlangung der psychischen Gesundheit. „Psychische Gesundheit“ – gesund sein, auch in der Psyche.
Bleiben wir noch einmal beim täglichen Duschen: Was passiert nun, wenn Sie sich nicht mehr duschen würden? Sie würden anfangen zu riechen, stark zu reichen und schließlich auch, durch mangelhafte Hygiene, krank werden.
So, das wissen Sie. Schauen Sie sich nun ihre Seele an. Wann wurde die das letzte mal gereinigt, geduscht, gesäubert, gepflegt? Wann? Evtl. ist das länger her. Wenn Sie Ihren Körper so wenig pflegen würden, wie sie u.U. Ihre Seele pflegen, dann würde ihr Körper anfangen zu riechen! Und genau so riecht Ihre Seele auch und genauso, kann Sie auch krank werden – ohne Pflege.
Die Selbsthypnose, die „Hypnose (nur) für mich“, ist die Dusche ihrer Seele! Damit Ihre Seele sauber wird, sauber bleibt, gepflegt ist und gesund bleibt.
Duschen Sie also nicht nur Ihren Körper. Geben Sie Ihrer Seele dieselbe Pflege, wie auch Ihrem Körper. Lassen Sie es zu genau derselben Gewohnheit werden, wie das Duschen Ihres Körpers.
Dann bleibt ihr Akku immer stark!

Hier nun, die Textbeispiele, für ihre innere Dusche und Pflege:

Entspannung/Ruhe - FH

„Stelle Dir nun vor, wie Du einem Ort gleitest, vielleicht ist dieser Ort auch ein Zimmer, egal was es ist. Gehe mit Ruhe dort hin – es Dein Ort. Der Ort, der Dir alle Ruhe gibt, die Du brauchst. Es ist ein wundervoller Ort.
Gleite dort hin – egal wo das ist. Mach es Dir, auf Deine ganz besondere Art ganz bequem.
Schau Dich um, es ist Dein Ort. Ein Ort, der Dir sofort Geborgenheit, Ruhe und Kraft gibt Spüre….. spüre die Ruhe, die Kraft, die dieser Ort ausstrahlt. Spüre sie.
So Ruhig und friedlich, wie ein Schwan der auf einer spiegelglatten ruhigen Wasseroberfläche, dahin gleitet. So ruhig, wie dieser Schwan, so ruhig und friedlich bist auch Du.
An diesem wundervollen Ort richte nun Deine Aufmerksamkeit in Deine rechte Hand. Spüre die Entspannung der Muskeln in deiner rechten Hand und der Nerven. Spüre deutlich, wie locker die Muskeln und Nerven Deiner rechten Hand sind. Und spüre deutlich, wie schwer Deine rechte Hand nun ist. Sie fühlt sich angenehm an. Vielleicht gibst Du dieser Entspannung eine Farbe. Sieh Dir diese Farbe nun an, Du siehst sie deutlich.
Lass diese Farbe, mit dem angenehmen Gefühl nun hinauf gleiten. Hinauf in den Unterarm, in den Oberarm. Spüre, wie diese warme Farbe nun in Deiner Schulter ist. Spüre sie.
Lasse diese Farbe nun in Deine linke Schulter gleiten. Von hier in den rechten Oberarm, in den rechten Unterarm, die rechte Hand. Ja, bis in die Fingerspitzen.
Fühle dieses Gefühl dazu. Fühle es. Dieses Gefühl, was Du jetzt fühlst ist Ruhe – ist Kraft!
Lass diese Farbe nun über deine Schultern den ganzen Rücken hinunter, den Brustraum, den Bauch hinunter, bis in dein Gesäß fließen. Dein ganzer Oberkörper ist mit dieser warmen Farbe gefüllt. Und fühle dieses Gefühl dazu. Fühle es. Dieses Gefühl, was du jetzt fühlst ist Ruhe – ist Kraft!
Lass nun diese Farbe in Deine Beine gleiten. In die Oberschenkel, die Unterschenkel. Und schau dabei zu, wie sich Deine Muskeln lockern. Wie locker und schlapp sie sind. Lasse nun noch diese warme Farbe in die Füße bis in Deine Zehenspitzen gleiten.
Fühle dieses Gefühl dazu. Fühle es. Dieses Gefühl, was Du jetzt fühlst ist Ruhe – ist Kraft!
In der Ruhe liegt die Kraft. Du bist ruhig – ganz ruhig!

Schau dich nun um, an Deinem wunderschönen Ort. Wie sieht Dein Ort aus? Egal, was Du siehst, es gibt Dir Kraft – es gibt Dir Ruhe! Sieh dieses Bild. Dein Unterbewusstsein (folgend „UB" genannt) *speichert nun dieses Bild– es zeigt dir, wo du Ruhe findest. Geh immer an diesen Ort – er gibt dir Kraft und Ruhe – viel Ruhe*

In der Ruhe liegt dien Kraft
Spüre nun Deinen Ort. Wie fühlt sich Deine Haut an? An Diesem wundervollen Ort. Vielleicht ist es ein warmer leichter Windhauch oder einfach nur Wärme – egal, was es ist. Fühle Deine Haut. Das, was Du jetzt auf Deiner Haut fühlst, so wie sich Deine Haut jetzt anfühlt, so fühlst Du Ruhe, so fühlst Du Kraft. Fühle dieses Gefühl Deiner Haut. Dein UB speichert nun dieses Gefühl ab – es zeigt dir, wie Du Ruhe fühlst. Fühle sie – jetzt.
Höre Deinen Ort. Was hörst Du? An diesem wundervollen Ort. Vielleicht ist es Stille, vielleicht hörst du etwas – egal was es ist. Höre es. Das, was Du jetzt hörst, so hörst Du Ruhe, so hörst Du Kraft. Achte auf Deine Ohren. Dein UB speichert nun dieses Geräusch oder dies Stille ab – es zeigt Dir, wie du Ruhe hörst. Du kannst Ruhe hören – Du kannst Kraft hören – höre hin – jetzt.
Schmecke nun Deinen Ort. Was schmeckst Du, an diesem wundervollen Ort? Egal was es ist, es steht für Ruhe, es steht für Kraft. Deine Ruhe, Deine Kraft. Dein UB speichert nun auch diesen Geschmack. Er zeigt Dir, wie Ruhe, wie Kraft schmeckt – schmecke sie – jetzt.
Lege nun Deine Hände auf Deinen Bauch. Spüre...... spüre, wie Dein Bauch sich hebt und senkt, hebt und senkt. Weil Du ganz ruhig, ganz locker, ganz gelassen tief in Deinen Unterbauch einatmest. Immer gleichmäßig. So ruhig und locker, als würdest im Bett friedlich schlafen. Du atmest immer tief in deinen Unterbauch. Du atmest so lange und locker aus, bis Du ganz von alleine, ganz selbstständig und ganz leicht wieder einatmest.
Ganz von alleine
Findest du Ruhe – absolute Ruhe.
Alles hat Zeit für später.

Es ist ein schönes Gefühl, den ganzen Körper einmal ruhig liegen zu lassen – ganz ruhig liegen lassen.
So ruhig und friedlich, wie ein Schwan der auf einer spiegelglatten ruhigen Wasseroberfläche, dahin gleitet. So ruhig, wie dieser Schwan, so ruhig und friedlich bist auch Du.
Ganz von selbst wandert dieses Gefühl durch alle deine Körperteile. Ganz von selbst steigt die Freude in Dir auf – die Freude dieser Ruhe. Ganz von selbst spürst du mehr und mehr diese Freude. Auch in deinem Inneren spürst du diese Freude – spüre sie – diese Freude. Spüre in deine Organe, auch sie freuen sich. Alle Organe sind dir froh gesonnen und freuen sich mit dir.

Jetzt wo du so voller Ruhe und Kraft bist, weißt du, dass du alles tun musst, egal was es auch sein mag, um dein Ziel zu erreichen.
Ja, ich weiß, ich werde alles Notwendige dafür tun, egal was es auch sein mag, um mein Ziel zu erreichen!

Spüre deine Hände, wie sie sich leicht auf deinem Bauch heben und senken. Du atmest tief in deinen Unterbauch ein und spürst dabei diese Ruhe und diese Kraft zu wissen dass du alles tust, egal was es auch sein mag, um dein Ziel zu erreichen. Ja, ich weiß, ich werde alles dafür tun, egal, was es auch sein mag, um mein Ziel zu erreichen.
Du stellst fest, je mehr Zeit du dir lässt, desto schneller bist du. Denn in der Ruhe liegt die Kraft.

Plötzlich stellst du fest, dass Du voller Ruhe bist – leicht, natürlich und mühelos bist Du voller Ruhe. Du stellst es jeden Tag fest. Jeden Tag stellst du mit Leichtigkeit fest, wie ruhig du bist – absolut ruhig. Mit jedem morgendlichen Aufstehen stellst Du fest, wie ruhig Du bist – ganz ruhig.
Heute fällt es Dir ganz leicht ruhig zu sein – morgen fällt es Dir noch leichter ruhig zu sein und übermorgen fällt es Dir noch leichter. Jeden Tag ist es leichter ruhig zu sein. Jeden Tag stellst Du mit Leichtigkeit fest, wie Ruhig Du bist – absolut ruhig.

Und plötzlich stellst Du fest, dass Du mit Deiner Ruhe alle Arbeiten viel schneller fertig stellst, als früher, weil Du weißt, dass Du voller Ruhe bist. In der Ruhe liegt die Kraft!
Und Du stellst fest, dass alle Dinge, die Dich früher geärgert oder aufgeregt haben, Dich heute ganz ruhig und gelassen lassen. In der Ruhe liegt die Kraft!

Ich werde jetzt einen Moment ganz ruhig sein, damit sich dieses Gefühl ganz fest in deinem UB verankert – für immer verankert. Und Du genießt noch einen Moment dieses Gefühl – dieses Gefühl zu wissen dass Du ganz ruhig bist. Spüre so ruhig zu sein, wie der Schwan. Der Schwan, der so ruhig und friedlich auf einer spiegelglatten ruhigen Wasseroberfläche dahin gleitet."

Selbstfindung / Wellness - FH

„Stell Dir nun bitte einen Weg vor, den Du gehst, egal, wie der Weg aussieht - es ist Dein Weg Du gehst diesen Weg ganz ruhig, gelassen und entspannt. Der Weg führt Dich zu einer Wiese, eine große Wiese soweit Du schauen kannst, siehst Du nur diese schöne wiese - deine Wiese. Es ist eine blühende Wiese, es gibt viele schöne größere und kleiner blühende Blumen und Gräser. Du siehst deutlich und ganz klar die vielen bunten Farben und Formen der Blumen und Gräser.

Es fliegen schöne kleine ganz zarte Geschöpfe durch die Luft. Vielleicht sind es Schmetterlinge oder Elfen? Vielleicht fliegen sie von Blume zu Blume? Es ist ein schönes Gefühl, diesen zarten Geschöpfen zuzuschauen es ist sehr schön."
Kurze Pause
„Der Himmel strahlt in einem wunderschönen blau und von diesem wunderschönen blauen Himmel, strahlt mit einer sehr angenehmen wärme die Sonne. Sie wärmt Dich wohlig, sie lacht dich an."
Kurze Pause
„So weit Du schaust, Du siehst nur ruhige und entspannende Weite, es gibt nur Ruhe, die Wiese und dich."
Kurze Pause
„Du gehst weiter auf dieser schönen Wiese Du gehst leicht, fast schwebend. Vielleicht möchtest Du Dich einfach mal locker ins warme und ganz weiche Gras fallen lassen? Dann lass Dich fallen.
Du fühlst Dich wohl, Du bist r u h i g, Du bist entspannt, Du lachst, Du genießt die Stille.
Alle Deine Sinne genießen und erleben diese Stille - die R u h e.
Du merkst, wie Kraft in Dir wächst.
Wenn Du magst, läufst Du nun wieder fast schwebend weiter auf dieser schönen Wiese. Du läufst Richtung Sonne, ruhig und entspannt, die Sonne wärmt Dich angenehm die stahlt.
Du strahlst, denn Du fühlst dich w o h l. Du gehst weiter - die Sonne, die Blumen, die Gräser und die zarten Geschöpfe, alle begleiten Dich, Du fühlst dich w o h l.
Auf deinem Weg erscheint ein Eingang. Ist es der Eingang eines Felsens? Oder ist es der Eingang eines Berges? Es ist egal, Du hast ein ruhiges und vertrauensvolles Gefühl in Dir. Deine Sorge vor neuem ist Nebensache und unwichtig - kaum noch spürbar Du bist voller R u h e, Vertrauen und Sicherheit Vertrauen in Dich, in Deine Ruhe und in Deine Sicherheit.
Es ist schön warm und ruhig in Dir, während Du hinein gehst - warm und ruhig Du siehst nun eine Grotte, eine wunderschöne Grotte - eine Grotte mit einer romantischen und beruhigenden Ausstrahlung.
Du gehst weiter, du bist r u h i g, Du fühlst Dich wohl.
Mitten in der Grotte ist ein kleiner See, ein glasklarer See ein ruhiger See.
Du bist ruhig. Du fühlst dich wohl. Du hörst im Hintergrund ein leises schönes Plätschern. Ein beruhigendes Plätschern. Du schaust hin, wo das plätschern her kommt. Es ist ein schöner Wasserfall er fließt l e i s e und r u h i g - l e i s e und ganz r u h i g.
Du hörst deutlich, die warmen, weichen Klänge des Plätscherns.
Du fühlst dich wohl, Du genießt immer mehr deine Entspannung.
Du merkst immer mehr, das Deine Entspannung und R u h e immer tiefer und mehr wird - t i e f e r.
Es ist schön dort, Du fühlst dich wohl.

Du gehst weiter. Leicht, ruhig. Immer weiter.
In der Mitte des klaren und ruhigen Sees erscheint eine kleine verträumte Insel. Sie wird deutlich von der Sonne angestrahlt. Du kannst sie deutlich sehen, die Insel stahlt Wärme aus - viel Wärme.
Du spürst deutlich diese Wärme der Insel.
Angenehme Wärme durchflutet Dich. Eine Welle der Wärme durchströmt Deine ganzen Körper.
Du möchtest auf die Insel, aber wie kommst Du auf diese Insel? Mit Ruhe und Gelassenheit schaust Du Dich um. Lass Dir Zeit. Du hast die Zeit.
Und dann siehst Du eine kleine, kaum sichtbare Brücke. Du gehst zu dieser kleinen, kaum sichtbaren Brücke.
Dein wärmendes Gefühl in deinem Körper, wird immer stärker und immer wärmer - angenehm und wohlig warm. Du fühlst dich gut und du gehst über diese Brücke.
Als Du diese kleine schöne Insel betrittst, durchflutet Dich eine wohlige Wärme.
Warm, weich, ruhig. In deinem ganzen Körper. Du bist ruhig und entspannt.
Vielleicht legst Du Dich oder setzt dich auf diese kleine Insel.
Der Boden ist warm und weich. Er schmiegt sich Deinem Körper angenehm an. Die Sonne wärmt Deinen ganzen Körper - angenehm wärmt sie Dich.
Du spürst G e b o r g e n h e i t, Du spürst W ä r m e - viel W ä r m e. Du spürst R u h e, du spürst
K r a f t - viel K r a f t
Du fühlst Dich wohl, entspannt und ruhig.
Du spürst Geborgenheit, Wärme, Ruhe; Entspannung und viel Kraft.
Du spürst, wie all das immer größer wird in Dir - immer größer.
Die Kraft - immer größer ist sie.
Du fühlst Dich gut, du fühlst Dich stark - Du bist stark.
Du spürst deutlich diese Wärme und Geborgenheit und die Kraft, die Dir diese Insel gibt.
Wenn Du magst, bleibst Du einem Moment hier liegen und genießt Deine Geborgenheit, Deine Wärme, Deine Ruhe, Deine Entspannung und Deine Kraft, die Dir diese Insel gibt.
Bleibe einen Moment.“
Pause
„I m m e r wenn Du Sorgen, Ängstlichkeit oder Angst bekommst, wirst Du von nun ab automatisch einen tiefen Atemzug nehmen und mit diesem Atemzug gelangst Du sofort auf diese, Dir kraftgebende Insel - i m m e r - und immer automatisch - mit dem tiefen ruhige Atemzug.
Du gehst auch in Gedanken, schwebend leicht zu dieser Insel und Du wirst dann i m m e r Deine Stärke, Deine Kraft, Deine Ruhe, Deine Gelassenheit, Deine Entspannung und Deine Wärme deutlich spüren – spüre sie.
Du wirst dann die Kraft in Dir aufsaugen, wie ein Schwamm das Wasser in sich aufsaugt.

Du wirst die Kraft, durch jede Hauptorte deiner Haut aufsaugen und mit allen Sinnen aufnehmen.
Und wenn Du dann wieder in das Hier und Jetzt zurück kehrst, sind die Sorgen, die Unsicherheit und die Angst bedeutungslos geworden - unwichtig, klein! Genieße es!"

Schnellheilung von Phobien

Mit Schnellheilung ist die effektive positive Veränderung von Phobien gemeint, die bis zur Ausheilung reichen können, so dass keine Phobie mehr vorliegt.
Zuerst einmal eine Worterklärung des Wortes Phobie. Es stammt aus dem altgriechischen und heißt „Furcht". Oftmals wird in der Gesellschaft „Furcht" und „Angst" gleichgestellt. Umgangssprachlich bedeutet die beiden Worte dasselbe.
Fachlich gesehen ist Furcht nicht gleich Angst.
Die Furcht in konkret und die Angst ist unbestimmt. Die Furcht ist eine Reaktion auf eine spezielle (konkrete) Bedrohung, sie ist somit Objektbezogen. „Furcht ist nach Sören Kierkegaard (1813-1855) die Reaktion auf eine spezifische Bedrohung" (*5). Furcht richtet sich gegen etwas bestimmtes eine Sache, eine Höhe oder ein Tier. Somit ist Furcht greifbar. Eine Phobie/Furcht ist z.B. die berühmte Spinnenphobie. Also eine Furcht vor „etwas" bestimmtem.
Während Angst sich gegen etwas Unbekanntes richtet. „ Angst ist allerdings ein Gefühl, welches sich gegen das Unbekannte richtet" (*5).
Angst ist natürliches Gefühl in jedem Menschen. Es entsteht wenn wir eine Situation als bedrohlich und/oder gefährlich einstufen. Angst ist eine Schutzfunktion, sie sorgt dafür, dass wir achtsam bleiben, damit wir unversehrt und am leben bleiben.

Ich möchte hier nun eine Hilfestellung geben, Phobien (aber auch Ängsten) abzubauen. Gerade hierbei ist es am Anfang besonders wichtig, dass Sie sich diesen Text vorlesen

lassen. Wenn möglich auch öfters, bis Sie für sich den Teil gefunden haben, die Ihnen am besten zusagen.
Diese Technik lehnt an das NLP (Neuro-Linguistisches-Programmieren) an und hat sich in der Hypnosetherapie als sehr effektiv erwiesen.

Die Schnellheilung - FH

„Du gehst in einer schönen Stadt, während der frühen Abendstunden spazieren. Du fühlst dich sehr wohl.
Während Du weiter gehst, siehst Du auf der einen Straßenseite ein richtig traditionelles altes Kino.
Du gehst zu diesem Kino hin, denn es interessiert dich.
Es ist beleuchtet und Du siehst, dass an der Kasse jemand sitzt. Du gehst hinein. Du kaufst eine Karte und gehst einen Flur entlang. Du kommst an einem Stand vorbei, wo es Knabbersachen und Getränke gibt. Du kaufst Dir etwas zum Knabbern, wie z.B. Popcorn und etwas zu trinken, z.B. eine Cola oder ein Wasser. Du gehst weiter, direkt in das Kino hinein.
Die Sessel sind ganz besondere. Es sind richtige Polstersessel in Deiner Lieblingsfarbe und dick gepolstert. Setze Dich in einen dieser Sessel. Sieh Dich um, Du siehst die Leinwand, die mit einem dicken Vorhang verhangen ist. Musik läuft im Hintergrund und Deine Knabbersachen und Dein Getränk schmecken Dir sehr gut.
Langsam geht das Licht aus und der Vorhang öffnet sich. Der Film startet. Du erkennst, dass es sich um einen Stummfilm, in schwarz-weiß, handelt.
Nun siehst Du den Titel des Films. Der Film heißt „der Max- Mustermann-Film“ (hier bitte ihren Namen einsetzen). Du *siehst Dich, in deinem Verhalten, wenn Du genau das phobische Objekt triffst* (hier bitte die Phobie, bzw. ihre Angst einsetzen, wie es z.B. die Angst vor Menschen zu reden ist). *Du siehst Dich ganz genau, aber alles stumm – alles weit weg, aber Du siehst dich! Du siehst es ganz weit weg. Sehe Dein Verhalten. Du siehst Dir diesen Film ganz an.“* *Kurze Pause*
„Jetzt, wo der Film zu ende ist, siehst Du, wie er zurück gespult wird, also rückwärts läuft, bis an den Anfang. Am Anfang angekommen, schließt sich de Vorhang wieder.
Nun stehst Du von Deinem Sessel auf und gehst durch die Tür hinter Dir, die genau in den Filmvorführraum führt. Du bist dort ganz allein. Dort liegen ganz viele Filme – Regale voller Filme. Der Filmprojektor steht neben dir.
Nun nimm den Film aus dem Projektor, pack ihn, wenn Du magst in eine Hülle und entscheide Dich nun, was Du mit diesem Film machen willst. Ob Du ihn ganz ganz weit

legst oder ob Du ihn versteckst, wo niemand ihn je wieder finden wird. Leg ihn weg." Kurze Pause

„Dabei fällt Dir eine Filmhülle auf. Die Hülle ist so schön bunt – sie gefällt Dir. Dann erscheint der Titel dieses Films – er heißt: „der NEUE Max-Mustermann-Film" (hier wieder bitte Ihren Namen einsetzen).

Diesen Film legst Du in den Projektor. Und nun kannst Du den Film aus diesem Vorführraum aus sehen. Er beginnt mit toller, fröhlicher Musik. Er ist in einer voller Farbenpracht.

Du siehst dich. Du siehst dich, wie Du dich zukünftig, in der gleichen Situation, verhältst. Du siehst dich ganz genau! Ganz locker, ganz leicht! Sieh hin! Du siehst die ganz Situation von ganz vorne, wie Du in diese Situation kommst, wie Du dich jetzt verhältst, Du hörst, was Du dazu sagst, wie locker Du dabei bist. Ja, Du siehst und hörst die ganze Situation vom Anfang, bis zum Ende! Du begibst Dich nun wieder in den Kinosaal und setzt dich in deinen schönen Sessel." *Kurze Pause*

„Wenn der Film zu ende ist, läuft er automatisch zurück und beginnt von vorn. Du siehst dich wieder! Schau genau hin und freu sich auf den Film!

Und nochmal, der Film beginnt von vorne. Schau wieder hin. Du siehst dich, wie Du zukünftig reagierst, wie Du dich zukünftig verhältst, ja genau so, wie Du es Dir wünscht! Genieße ihn – Du siehst Dich so leicht, so locker, so entspannt!"

Kurze Pause

„Der Film ist wieder zu Ende und spult wieder auf den Anfang zurück.

Jetzt gehst Du direkt zur Leinwand. Der Film startet wieder. Und genau in dem Moment, wo der Titel erscheint, springst Du in den Film hinein – trau dich, es funktioniert!" Kurze Pause

„Du erlebst Dich nun selber in genau dieser neuen Situation – in genau der Situation, wie Du Dich schon immer verhalten wolltest.

Fühl Dich, fühl wie Du dich fühlst. Wie leicht Du dich dabei fühlst, wie locker Du bist. Wie locker und gelassen! Du hörst dich selber – hör dich, alles ganz ruhig.

Du fühlst dich deutlich, Du hörst dich deutlich – es ist alles so gelassen und ruhig, das es einfach spaß macht. Fühle dich die GANZE Situation lang, von ganz vorne, bis zum Schluss." *Kurze Pause*

Nun gehe zurück an den Anfang, beginne die ganze Situation wieder von vorn: Du kommst in die Situation hinein, Du reagierst völlig locker und entspannt, Du hörst dich selber, wie du völlig locker und entspannt bist. Fühle die ganze NEUE Situation, von ganz vorne, bis zum Schluss, nimm dir die Zeit, die Du dafür brauchst." Kurze Pause

„Nun gehe zurück an den Anfang, beginne die ganze Situation wieder von vorn: Du kommst in die Situation hinein, Du reagierst völlig locker und entspannt, Du hörst dich selber, wie Du völlig locker und entspannt bist. Fühle die ganze NEUE Situation, von ganz

vorne, bis zum Schluss, nimm dir die Zeit, die du dafür brauchst."
Kurze Pause
„Nun gehe zurück an den Anfang, beginne die ganze Situation wieder von vorn: Du kommst in die Situation hinein, Du reagierst völlig locker und entspannt, Du hörst dich selber, wie Du völlig locker und entspannt bist. Fühle die ganze NEUE Situation, von ganz vorne, bis zum Schluss, nimm dir die Zeit, die du dafür brauchst."
Kurze Pause
Nun gehe zurück an den Anfang, beginne die ganze Situation wieder von vorn: Du kommst in die Situation hinein, Du reagierst völlig locker und entspannt, Du hörst dich selber, wie Du völlig locker und entspannt bist. Fühle die ganze NEUE Situation, von ganz vorne, bis zum Schluss, nimm dir die Zeit, die du dafür brauchst."
Pause
„Jetzt nimmst Du Dir sie Zeit, langsam aus diesem Film wieder heraus zu kommen. Du bist wieder im Kino. Verlass das Kino, geh in Dein neues Verhalten, geh in Deine neue Zukunft, sie hat jetzt begonnen!"

Es ist besonders wichtig, die neue Situation öfters selber, innerlich, zu erleben. Ich habe sie hier 5-mal wiedeholt. Das reicht. Doch schaden kann es überhaupt nicht, wenn sie das öfters machen.
Erlauben Sie es sich, dieses im Alltag immer wieder (zusätzlich)zu wiederholen. Schließen Sie an allen möglichen Situationen einfach ihre Augen und erleben Sie diese neue Situation – so oft es geht und die neue Zukunft beginnt!

Was schaffe ich alleine, wann brauche ich Hilfe?

Was ich mit diesem Kapitel gemeint? Damit ist gemeint, dass es Dinge in uns selber gibt, die wir alleine nicht lösen können. Wir brauchen außenstehende Hilfe um diese Probleme lösen zu können. Wir können sie aus bestimmten Gründen nicht lösen:

1. Weil wir für bestimmt Techniken und Ziele eine tiefere Trancetiefe erreichen sollten, die wir alleine nicht erreichen können.
2. Bei einigen Symptomen reicht es nicht, sie „einfach weg" zu machen. In diesen Fällen ist es wichtig, die Ursache zu kennen und zu verarbeiten.
2. Und weil es unter Umständen Ursachen für Symptome gibt, die uns in irgendeiner Weise (emotional) weh tun könnten, weil sie vielleicht traurig sind o.ä. Wir kommen dann aber alleine nicht an diese Ursachen, weil wir uns niemals selber weh tun würden.

Es gibt einfach Dinge, die wir alleine nicht schaffen. Das ist menschlich. Auch der beste Therapeut kann sich nicht selber helfen. Ein Zahnarzt kann sich auch nicht selber einen Zahn ziehen.....
Es gibt akute Probleme, die wirklich Hilfe benötigen, die der Aufarbeitung benötigen, wie z.B. Missbrauch im Kindes- oder Jungendlichenalter, Vergewaltigungen, Gewalt in jeglicher Form, Verlust (durch Tod) vom eigenen Kind, Partner u. ä!
Aber auch chron. Probleme, wie z.B. langjährige Depressionen, Angst- und Panikzustände u.ä

So viel dazu. Woran erkenne ich nun, ob ich es alleine schaffe oder nicht?
Wenn Sie Unterstützung brauchen, können sich folgende Punkte einstellen:

1. Das Symptom verschlimmert sich.
2. Trotz regelmäßiger Anwendung verändert sich nichts.
3. Sie werden unter Umständen im Allgemeinbefinden unruhig oder gar aggressiv und/oder gereizt.
4. Sie finden öfter oder gar oft eine „Ausrede" um ihre Selbsthypnose nicht zu machen, nach dem Motto: „Alles andere ist wichtiger".

Lassen sie mich nun etwas zu den einzelnen Punkten sagen.

Zu Punkt 1) Ja, wenn sich das Symptom kontinuierlich verschlimmert, ist das eine Zeichen das die Ursache gefunden werden sollte und somit tiefer liegt, bevor sich Ihr Körper/Seele von diesem Symptom befreien kann.

Obwohl die Symptomverschlimmerung ein (tatsächlich) gutes Zeichen ist. Denn sie zeigt, das der Weg richtig ist, aber Ihr Körper (Seele) momentan nicht bereit sein kann das Symptom abzugeben, da Ihre Seele/Körper dieses Symptom (noch) braucht, um das alltägliche Leben meistern zu können. Es gibt ungelöste „Probleme", die die Seele belasten. Durch das entstandene Symptom bekommt die Seele eine Erleichterung, um besser mit diesem tiefliegenden Problem umgehen zu können.
Das ist änderbar, es muss das „Feld von hinten aufgerollt werden muss. Es sollten, erst die Probleme und deren Ursachen gefunden werden. Die werden bearbeitet und dann kann Ihr Körper/Seele dieses Symptom gehen lassen.

Zu Punkt 2) Wie ich weiter oben schon erklärte, gibt es verschiedene Trancetiefen. Und je tiefer eine Trance ist, desto mehr besteht die Möglichkeit, tief liegende Ursachen zu finden. Wenn sich nun also gar nichts verändert, dann liegt eben die Ursache tiefer. In einer tiefe, die alleine kaum erreicht werden kann.......
Sehen sie auch dieses Zeichen positiv – bedenken Sie, alles hat immer zwei Seiten! Sie wissen nun, dass die Ursache eine tiefer liegende ist. Alleine dieses Wissen kann schon eine innere Ruhe mit sich bringen.
Weiter kommt unter diesen Punkt der Sekundärgewinn zum tragen. Diesen Gewinn habe ich im Kapitel „Hypnose und Schmerzen" genau erklärt.

Zu 3) Dieser Punkt ist genauso zu sehen, wie Punkt 1. Denn Unruhe und Gereiztheit ist natürlich auch eine Verschlimmerung, nur auf eine andere Art.
Zu Punkt 4) Dieses nennt sich „Widerstand". Ein Widerstand gegen die Heilung. „Gegen die Heilung?" werden Sie jetzt vielleicht sagen. Ja, dagegen. Auch hier gibt es einen „guten" Grund. Nämlich der Grund, dass ihr Körper/Seele genau dieses Symptom noch braucht, um mit einer tief liegenden Situation „fertig" werden zu können (ebenfalls wie unter Punkt 1). Dieses Verhalten ist also der Weg, den Ihr „Inneres" für sich gefunden hat, um mit diesem Problem umgehen zu können.
Auch hier gilt es, das „Feld von hinten aufzurollen", erst dieses tief liegende Problem, diese Ursache, zu finden und aufzulösen, damit Sie dann frei werden.
Das fällt unter den oben genannten Sekundärgewinn, den ich im Kapitel „Hypnose bei Schmerzen" schon erwähnte.

Wenn bei Ihnen einer der oben genannten Punkte eintritt (oder gar mehrere davon), Sie es also nicht alleine schaffen sollten, heißt das nicht sofort im Umkehrschluss, das Sie unterstützende Hilfe eines Therapeuten brauchen. Sondern nur, das es so nicht funktioniert. Solange Sie keinen Leidensdruck erleben oder wenn „Ihr" Symptom in Ihrem Leben keine Einschränkung hervorruft, dann ist es nicht unbedingt nötig etwas dagegen zu unternehmen. Aber wenn Sie spüren, das sie durch „ihr" Symptom eine Einschränkung

haben oder gar einen Leidensdruck erleben, dann ist es ratsam darüber nachzudenken, sich unterstützende Hilfe zu suchen.
Das mag nun negativ oder gar ärgerlich klingen: „Nicht ohne fremde Hilfe an ihrem Ziel ankommen zu können“. So negativ ist es jedoch nicht, denn Sie kommen dort an, aber ihr Weg beinhaltet einen Umweg, wie es Umwege oftmals im Leben gibt. Und bedenken Sie: All das, was Sie auf diesem Umweg zu sehen bekommen, das hätten Sie nie zu sehen bekommen, wenn Sie diesen Umweg nicht gegangen wären – auch schöne Dinge liegen auf diesem Umweg…….

Wenn die Selbsthypnose für sie der richtige Weg ist:
Wenn dieser Weg der Selbsthypnose funktioniert, merken Sie das natürlich dadurch, dass Sie genau das Ziel erreichen, was Sie erreichen wollen.
Auch gibt es noch einen Weg zum positiven Ziel, der mit kleinen Umwegen verbunden ist.
Was heißt das jetzt alles für Sie? Sie bemerken evtl. Veränderungen, aber an Ihrem Ziel sind Sie noch nicht angekommen. Das bedeutet, es wird nicht direkt besser, aber irgendwas verändert sich – positive Veränderungen. Diese Veränderungen mögen mit ihrem eigentlichen Ziel gar nichts zu tun zu haben, sie stehen also nicht im direkten Zusammenhang zu ihrem Ziel – aber im indirekten! Auf der unbewussten Ebene stehen diese beiden Dinge sehr wohl in Zusammenhang. Es sind praktisch Zwischenziele. Zwischenziele, die erreicht werden müssen, damit Sie ihr eigentliches Ziel zu erreichen.
Lassen Sie mich dazu anmerken: positive Veränderungen können sich auch erst durch andere Veränderungen zeigen, anders als Sie es denken.
Sie haben ein Ziel, dieses Ziel nenne ich nun X. Sie möchten X erreichen. Doch dieses Ziel, ist das letzte was Sie auf Ihrem Weg erreichen – das letzte. Sonst würde es ja „Start“ heißen. Heißt es aber nicht, es heißt „Ziel“. Und bis Sie an diesem Ziel ankommen, kann es passieren, dass Sie Zwischenziele erreichen. Zwischenziele, die evtl. nicht viel (vielleicht auch gar nichts) mit dem eigentlichen Ziel zu tun haben. Doch sind sie eben genauso wichtig, damit sie wirklich an ihrem Ziel ankommen.
Das bedeutet, dass Sie vielleicht erst etwas anderes positives erleben, bevor Sie an ihrem Ziel ankommen. Jede positive Veränderung ist ein Schritt zu ihrem Ziel.
Wenn Sie also positive Veränderungen spüren (egal welche), dann gehen Sie diesen Weg weiter!

Für den Fall das Sie es für sich in Erwägung ziehen, sich unterstützende Hilfe zu suchen oder feststellen sollte, das Sie die unterstützende Hilfe brauchen, möchte ich Ihnen in den folgenden Kapiteln eine kleine Begriffserklärung sowie Tipps „an die Hand geben“.

Was ist Regression?

Die Regression ist ein Teil der Hypnoseanalyse, die auch einzeln ohne Hypnoseanalyse eingesetzt werden kann.
Das Wort Regression bedeutet Rückgang.
Das Wort Rückgang bildet sich daher, weil in die eigene Vergangenheit des eigenen Lebens „zurück gegangen“ wird.
Wozu dieses? Sie haben ein Symptom oder besser gesagt die Menschen haben ein Symptom. Ein Symptom was unter Umständen Einschränkungen verursacht oder gar einen Leidensdruck erzeugt. Es wurden evtl. schon einige Wege versucht, dieses Symptomverhalten abzuändern, aber auf Dauer gesehen, „fallen“ Sie oder die Menschen immer wieder in das alte Symptomverhalten zurück. Es beginnt dann unter Umständen ein verzweifeltes Ärgern: „Oh, wieso ist das denn jetzt schon wieder da“, „nicht schon wieder“, „wieso kann ich denn nicht einfach lassen“.
Es kann eben deswegen nicht „gelassen“ werden weil die Ursache dafür weit in der Vergangenheit liegt. Soweit zurück in der Vergangenheit das Sie keinerlei Gedanken mehr daran haben.
Das bedeutet nicht, dass Sie von dieser Situation (Ursache) nichts mehr wissen, Sie können sich u.U. sogar gut an diese Situation erinnern. Doch können Sie diese Situation mit Ihrem heutigen Symptom nicht in Zusammenhang bringen.
Doch warum können Sie es nicht in Verbindung bringen? Weil Ihre Lebensgeschichte – Ihr Lebensweg- nicht nur aus dieser einen Situation bestand, sondern aus unzähligen von Situationen. Und alle sind, für sich genommen, anders verlaufen. Der Weg (der Zusammenhang) zu dieser einen Situation ist somit schwer selber zu finden. Etwas gibt es jedoch, was in der damaligen Situation entstanden ist und bis heute gleich geblieben ist – das Gefühl, was Sie in dieser Situation (damals) erlebt haben. Dieses Gefühl ist damals entstanden und existiert bis heute. Dieses Gefühl liegt jedoch nicht im Bewusstsein, sondern tief im Unterbewusstsein.
Vielleicht fragen Sie sich jetzt, wieso ein Mensch nicht alleine an dieses Gefühl gehen kann?
Für die Antwort muss ich etwas weiter ausholen: der Mensch an sich, das wissen Sie, ist ein Gewohnheitstier. Das heißt, wir schaffen es (fast) immer uns an bestimmte Situationen zu gewöhnen, uns dieser Situation anzupassen. Und wie machen wir das? Wir entwickeln Techniken/Verhalten, um am besten mit den gerade herrschenden Gegebenheiten um gehen zu können. Und an diese Techniken/Verhalten gewöhnen wir uns.
Auch in sehr schweren Lebenssituationen, die als sehr stressige oder gar schwerwiegende Situationen bezeichnet werden können, hat unser Körper immer noch die Fähigkeit, sich dieser Situation anzupassen bzw. er entwickelt für sich einen Weg, um die Situation verdrängen zu können.

Und für diese schwerwiegenden oder stressigen Situationen braucht der Körper/Seele ein Verhalten, die es ermöglicht besser mit der Situation umgehen zu können. Dieses Verhalten war somit ein wichtiger Bestandteil für ein besseres Leben. Zu der Zeit wo dieses Verhalten entstanden ist, war es sehr hilfreich oder gar zwingend notwendig.
Nun verändert sich das Leben immer wieder. Und das was damals gut war, kann sich im späteren Leben als störend erweisen, weil die Gewohnheit des alten Verhaltens nämlich geblieben ist..........
Vielleicht fragen Sie sich jetzt: „Warum lege ich dieses Verhalten nicht einfach wieder ab?"
Diese Verhaltensstrategie ist geblieben, weil die alte Lebenssituation (die Situation, die für dieses Verhalten gesorgt hat), noch nicht verarbeitet ist. Diese Situation „brodelt" noch immer (unbewusst) im Körper/Seele. Und weil diese Situation tief im Menschen noch unbewusst aktiv „brodelt", glaubt also auch der Körper/Seele, dass er diese entwickelte Verhaltensstrategie auch noch benötigt.
Aus diesem Grund KANN der Körper/Seele, das Verhalten nicht einfach ablegen.
Auf die Dauer entsteht aus diesem Verhalten ein Symptom, weil dieses unbewusste Verhalten nicht in das heutige Leben passt. Ein Symptom was sich in unterschiedlichster Art äußern kann. Auf dieses Symptom wird dann wiederum ein neues Verhalten entwickelt, eine neue „Bewältigungsstrategie" entwickelt. Daraus entsteht irgendwann wieder ein Symptom, dann wieder eine neue Strategie usw. usw. usw. Irgendwann entsteht so eine Verschachtelung, dass es schwer macht, das ganze bewusst zurück zu verfolgen.
Das was jedoch in der ganzen Lebenszeit dasselbe geblieben ist, ist das Gefühl was in der damaligen Situation entstanden ist.
Da setzt nun die Regression an.
Mit der Hypnose wird nun auf die Suche nach dem Gefühl „hinter" dem Symptom gegangen.
Und mit diesem Gefühl geht es dann an den Ursprung zurück, genau dahin wo dieses Gefühl entstanden ist.
Auch wenn es für Sie etwas unmöglich erscheint, in der Trance ist es möglich, glauben Sie mir!
Wenn die damalige Situation gefunden wurde, dann wird sie so bearbeitet, dass das Gefühl dazu sich verändern kann.

Es gibt zwei Bearbeitungsmöglichkeiten:
1. Der Patient wird aufgefordert das zu tun was er damals am liebsten getan hätte, aber nicht getan hat. Dieses führt zu einer inneren Abreaktion (=Katharsis, siehe dazu „Was ist die Hypnoseanalyse (Hypnoanalyse)?" Seite 95), was wiederum zu einer Erleichterung führt. Dieser Weg wird gewählt weil es sich oftmals um eine sog. Affektaufstauung handelt. Das bedeutet die damalige Situation hat Affekte und/oder Emotionen hervor gerufen die allerdings unterdrückt wurden, was somit zu einem inneren Stau führte.

2. Das wiederholte Durcharbeitung: Das bedeutet, der Patient wird wieder genau in die damalige Situation versetzt und erlebt somit die Situation noch einmal. Er durchlebt und erlebt sie ein zweites Mal. Diese wiederholte Durcharbeitung führt zu einer Desensibilisierung der Situation, was ebenfalls zur Erleichterung führt.

Wir können die Vergangenheit nicht verändern – sie ist wie sie ist! Doch gibt es Situationen in der Vergangenheit die waren so wichtig, das sie die Gegenwart, bis heute, unbewusst beeinflussen. Wir können die Vergangenheit nicht verändern! Doch was wir machen können, wir können unsere Gefühle und Emotionen zur Vergangenheit verändern. Und wenn wir die Gefühle und Emotionen zur Vergangenheit verändern („neutralisieren"), dann nehmen wir der Vergangenheit diese Wichtigkeit weg – nicht die eigentliche Bedeutung, nur die Wichtigkeit. Wie sorgen dafür das die Vergangenheit eine Erinnerung ist, die keine Emotionen mehr auslöst. Und so können wir in eine ganz neue Zukunft gehen!
Der Mensch ist frei!

Was ist die Hypnoseanalyse (Hypnoanalyse)?

Die Hypnoseanalyse ist eine Mischung aus hypnotischen Techniken und einer Verbindung von psychoanalytischen Methoden.
Hier geht es darum Ursachen für Symptome „ausfindig" zu machen, die versteckt in der Lebensgeschichte liegen und mehr als eine Sitzung benötigt. Es muss das Leben auf- und erarbeitet werden. Mit Hilfe der Hypnoseanalyse „....wird angestrebt, diejenigen Ursachen einer Erkrankung, welche in der Lebensgeschichte (meist der frühen Kindheit) begründet

sind und in das Unbewusste verdrängt wurden, nach ganzheitlichen, tiefenpsychologischen Gesichtspunkten bewusst zumachen und aufzuarbeiten" (*7 – Werner J. Meinhold).
Somit liegen diese Ursachen weit zurück, führen aber im jetzigen Leben zu Symptomen. Frühgeschichtliche Ereignisse führen auch dann zu Symptomen, wenn wir das dazugehörige Ereignis längst vergessen oder als „harmlos" eingestuft haben.
Doch egal ob die Erinnerung an dieses Ereignis vorhanden ist oder nicht, es kann kein Zusammenhang zwischen der damaligen Situation und dem heutigen Symptom hergestellt werden. Das bedeutet, dieser Mensch, weiß zwar um seine Vergangenheit, aber er weiß nichts über die Zusammenhänge. Es wurde verdrängt.
In der Hypnoseanalyse werden nun ganzheitlich und tiefenpsychologisch diese Zusammenhänge hergestellt, aufgedeckt, bewusst gemacht und bearbeitet.
Viele Menschen fragen mich warum Sie so sind, wie Sie sind? Warum Sie das nicht einfach ändern können? Die Antwort hierfür liegt in der Hypnoseanalyse.
Die Hypnoseanalyse ist sehr effektiv. Ihr Ziel ist es eine Aussöhnung, eine Verarbeitung und/oder eine Nachreifung zu seiner eigenen Lebensgeschichte zu bekommen.
In dieser Therapieform werden dem Patienten, vom Hypnosetherapeuten, Fragen gestellt, die er möglichst spontan beantwortet. Diese Antworten führen in die passenden Lebensabschnitte zurück und werden, auch in der Hypnose, besprochen und analysiert. Hierbei werden immer die heutigen Lebenssituationen mit einbezogen, so dass der Patient eine neue Einstellung dazu finden kann. Dieses führt zu einer neuen positiven Veränderung seiner Persönlichkeit. Diese „neue Einstellung" zu der eigenen Lebensgeschichte sorgt für eine enorme Erleichterung und sorgt für die Veränderung von den Symptomen – die Symptome lösen sich auf.
Der Erfolg dieser Methode ist nicht nur mit dem Leidesdruck verbunden, den der Patient spürt und den er natürlich verändern möchte, sondern auch an die Bereitschaft des Patienten, sich selber zu erkennen und Dinge bereit ist zu verändern, also sich weiter zu entwickeln zu wollen.

Viele Patienten, die plötzlich unter einem großen Leidendruck leiden (z.B. eine Depression oder Ängste) und zu mir kommen antworten auf die Frage von mir, was sie sich von der Behandlung wünschen: „Am liebsten möchte ich mein altes Leben, wie es früher war, zurück". Sie wünschen sich also, ihr altes Leben zurück. Doch genau dazu sage ich dann immer, dass das besser nicht passieren sollte. Denn ganz genau dieses (alte) Leben, führte ja zu den heutigen Symptomen. Und das, weil es auf der Fehlprägung und/oder auf Negativerlebnissen aufgebaut war.
Ein Beispiel mit körperlichen Symptomen dazu: ein Mann bekommt einen Schlaganfall. Bevor er diesen bekam war Unternehmer evtl. sogar ein Work-a-holic. Wenn es nun tatsächlich möglich wäre, ihm genau sein altes Leben wieder leben zu lassen, dann würde

er natürlich auch wieder diesen Schlaganfall erleben, weil dieser zu seinem Leben und zu seiner bis dahin gelebten Vergangenheit gehörte.
Das bedeutet, nicht „das alte Leben zurück haben wollen", sondern neue Lebenswege gehen, damit kein weiteres Leid hinzu kommt.
Wenn dieser Patient also, frei von Symptomen sein möchte (oder wenn es körperliche Symptome sind, die nicht reparabel sind) oder keine Verschlimmerung möchte, dann sollte die Bereitschaft vorhanden sein neue Lebenswege zu gehen!
Diese neuen Lebenswege werden durch die Hypnoseanalyse ermittelt.

In den früheren Lebenssituationen gab es des Weiteren Emotionen. Diese Emotionen waren damals vorhanden und sind es heute noch, jedoch versteckt. Doch erkennen können wir das im Heute nicht mehr.
Das kennen Sie. Nehmen wir folgendes: Sie hatten damals ein tolles Spielzeug, nehmen wir ein Stofftier. Dieses Stofftier finden Sie heute zufällig auf dem Dachboden wieder. Dann werden Sie, mit größter Wahrscheinlichkeit, lächeln, weil Sie sich an die Zeit von damals erinnern. Sie erinnern sich an das schöne gemeinsame Kuscheln in ihrem Bett, vielleicht erinnern Sie sich auch an wehmütige Zeiten, mit diesem Stofftier, aber auch das wird als recht positiv empfunden werden, „schön, das ich ihn hatte" und wieder werden Sie lächeln. Dass das Stofftier aber vielleicht auch ihr Retter war, z.B. wenn sich ihre Eltern mal gestritten haben (nur ein Beispiel) und Sie, wegen der Lautstärke, Angst bekommen haben – dann war dieses Stofftier für Sie da und es hat Sie getröstet. Das erscheint zwar für Ihrem inneren Auge, doch die wirklichen wahren Emotionen dazu, die bleiben verdeckt im Unterbewusstsein liegen. Gefühle, die Sie vielleicht zum Weinen bringen würde, die erleben Sie nicht.
Durch die Hypnoseanalyse werden Sie nun aufgedeckt, verarbeitet und somit akzeptiert, so entsteht eine Aussöhnung mit ihrer Vergangenheit.
Wie wird das erreicht? Es ist erwünscht, dass verdrängte Emotionen in der Nachreifung und Verarbeitung wieder erlebt werden. Das würde bei meinen Bespiel von eben bedeuten - Sie würden „noch einmal" die traurigen Situationen von damals erleben. Die Traurigkeit weil Ihre Eltern gestritten haben oder gar die Angst, die Sie dabei erlebt haben.
Das bedeutet, der Patient wird genau in die Zeit zurück versetzt und erlebt die damalige Zeit noch einmal. Er fühlt sich genau wie damals und erlebt alles genau wie er es damals erlebt hat. Das führt zu einer inneren Abreaktion von aufgestauten Emotionen.
Sollte es jedoch so sein, dass diese Emotionen sehr stark sein sollten, empfiehlt es sich nicht, diese direkt wieder zu erleben lassen. Dann gibt es eine Möglichkeit, diese mit einem indirekten Verfahren geschehen zu lassen. Auch das führt zu einer Abreaktion der Emotionen.
Wenn es sich um ein sehr schwerwiegendes Ereignis handelt und es sich bei dem Patienten um jemanden handelt, der psychisch instabil ist und die Gefahr besteht, das er diese Erinnerung nicht verkraften kann, wird bewusst eine selektive (ausgewählte)

Amnesie eingefügt. Das bedeutet, an alles, außer das „schreckliche Ereignis“ kann er sich im nach hinein erinnern. Wenn der Patient später, stabil genug ist (durch weiteres therapeutisches Arbeiten), wird diese Erinnerung wieder geweckt, um es dann bearbeiten zu können.
Was genau getan wird oder werden muss, erkennt ein guter Hypnosetherapeut sofort und handelt dementsprechend. Somit können Sie sich darauf verlassen, dass alles getan wird, wie es für Sie am besten ist.

Der Weg dafür, ist folgender:
1. Die Aufdeckung: Das Ereignis, die Ursache wird durch Regression aufgedeckt. Natürlich kommt auch die Reinkarnation dafür in Frage.
2. Die Aufarbeitung: Die Ereignisse werden so aufgearbeitet, dass sie keinerlei versteckte Emotionen mehr auslösen. Positive Dinge werden intensiv verstärkt. Der Patient lernt seine Vergangenheit, seine Erlebnisse zu akzeptieren und erkennt sie als Teil seines Lebens an. Das geschieht u.a. durch die Aussöhnung mit der Vergangenheit und der Situation und durch das sog. Katharsis-Konzept.

Exkurs: Katharsis kommt aus dem altgriechischen und bedeutet „Reinigung“. Sie stammt von Siegmund Freud und Josef Breuer.
Hierbei werden die Emotionen gezielt geweckt und durchlebt. Das bedeutet, der Patient durchlebt die Situation noch einmal. Dadurch kommt es zur sog. Abreaktion. Einer Abreaktion von den damals verdrängten Affekten und Emotionen. Dadurch erfolgt die Befreiung in sich selber.
Dass Abreaktionen gut tun, wissen Sie selber. Nämlich dann, wenn Sie sich wegen einer sehr negativen Situation, gezielt abreagiert haben. Durch diese Abreaktion, fühlen sie sich gleich viel besser. Schlechter fühlen Sie sich, wenn Sie diese ganzen negativen Gefühle dazu „runter geschluckt“ haben. Beispiel: Sie hatten auf der Arbeit ganz viel Stress und viel Ärger. Ihr Körper ist völlig angespannt. Abreagieren bedeutet: Sie gehen (zum Beispiel) Joggen, so lange und so schnell, bis Sie sich wieder gut fühlen. Die Abreaktion hat erfolgreich satt gefunden.
Machen Sie nichts, nach diesem ärgerlichen Tag – fühle Sie sich den ganzen Abend schlecht, weil Sie die „nicht raus gelassen“ haben.

3. Die Projektion in die Zukunft: durch die imaginäre Projektion in die Zukunft, wird gezielt geschaut, ob die Aufarbeitung erfolgreich war und wie der Weg des Patienten weiter verlaufen könnte. Wenn alles positiv verläuft, wird der Patient, schon in der Vorstellung, anders und ruhiger reagieren, wenn ähnliche Situationen auftreten.

Sie werden sich evtl. nun fragen: „Wann ist denn so eine Hypnoseanalyse angebracht?“

Immer dann, wenn die Ursachen der Symptome nicht erkennbar sind. Sie sind für den Patienten und dem Therapeuten nicht „greifbar". Wenn die Ursache nicht auf ein traumatisches Ereignis oder einen schweren Schicksalsschlag zurück zu führen ist. Wie z.B. bei plötzlich auftretenden Depressionen, bei plötzlich auftretenden Lebensängsten und Panikstörungen u. ä.
Weiter ist die Hypnoseanalyse angebracht, wenn mit anderen Techniken (wie auch die Suggestion, die Autosuggestion, aber auch Yoga, autogenes Training u. ä.) und mit anderen Therapieformen (wie z.B. Gesprächs- oder Verhaltenstherapie) keinerlei Veränderungen erzielt wurden.
Lassen Sie mich zum Abschluss dieses Themas noch sagen, dass der Hypnosetherapeut für diese Therapieform eine Ausbildung haben sollte, um wirklich alles gut leiten zu können.

Wie finde ich einen seriösen Therapeuten?

Dieses Kapitel ist ein wichtiges Kapitel. Denn die Hypnose wird immer beliebter. Die Hypnose, besonders die Hypnosetherapie, ist eine sehr gute und sehr effektive Möglichkeit Symptome jeglicher Art positiv zu verändern. Und ich möchte das Sie, wenn Sie sich entschließen eine Hypnosetherapie zu machen, auch für sich diese Effektivität erleben – damit es auch Ihnen bald besser geht.
Doch je populärer die Hypnose wird, desto größer wird auch die Zahl der „schwarzen Schafe". Menschen die die Hypnose anbieten, weil sie darin die Möglichkeit sehen, Geld zu verdienen. Bei diesen Menschen steht der finanzielle Gewinn im Vordergrund, nicht der Patient.

Es gibt einige wenige Punkte auf die Sie achten sollten, wenn Sie sich einen Therapeuten suchen. Diese sind:

Jemanden in die hypnotische Trance zu versetzen, ist tatsächlich nicht so schwer. Tatsächlich kann man die Technik, wie die hypnotische Trance eingeleitet wird, an einem kompletten Wochenende erlernen. Vielleicht sagen sie jetzt: „So einfach geht das?“ Die Grundtechnik zu erlernen – ja. Aber nur das Grundtechnik! Es wird die hypnotische Trance erreicht. Aber um an die Ursprünge der Symptome zu gelangen, reichen eben nicht ein oder zwei Wochenendkurse.
Wenn der Patient nun in der Trance ist, was dann? Was mache ich nun mit dem Patienten, was mach ich nun in der Hypnose mit ihm, wie decke ich nun versteckte oder vergangene Dinge auf, wie verarbeite ich das Aufgedeckte, wie fange ich den Patienten auf, wenn er in ein Trauma rutscht, usw. usw. usw.?
Genau das ist nicht so schnell erlernbar. Dass bedarf einer tiefliegenden Ausbildung / Weiterbildung.
Auch Psychologen benötigen mehr als nur einen Wochenendkurs für das effektive Arbeiten mit der hypnotischen Trance. Auch wenn sie natürlich sehr genau wissen, wie sie Dinge aufdecken und wie sie mit den Patienten umgehen müssen, damit ihnen auch wirklich geholfen wird! Eine weitere Ausbildung ist deshalb von Nöten, weil das bearbeiten von Symptomen oder von Traumata in der Hypnosetherapie eine andere ist, als z.B. in der Gesprächstherapie.
Fragen Sie also unbedingt nach dem Werdegang!

Achten Sie bitte weiter darauf, dass es sich bei dem Therapeuten um einen Heilpraktiker (psychotherapeutischer oder medizinischer), Arzt oder Psychologen handelt. Da es in der BRD gesetzlich festgelegt ist, das nur diese Menschen Krankheiten behandeln und Diagnosen stellen dürfen!
Das erfassen einer Diagnose ist eine wichtige Grundvoraussetzung, um auch richtig behandeln zu können. Nur wenn jemand weiß, was für eine Krankheit oder was für ein Symptom vorliegt, ist auch gewährleistet das er die dafür richtige Behandlung wählen kann.
Es gibt leider immer mehr Menschen, die die Hypnose anbieten um Krankheiten zu behandeln und keine dementsprechende Ausbildung haben – sie können und dürfen keine Diagnose stellen bzw. behandeln. Sie sind oftmals wirklich nicht in der Lage tiefliegende und schwere Erkrankungen zu erkennen, weil das wichtige und nötige Grundwissen fehlt. Krankheiten zu behandeln oder Diagnosen stellen, ohne die Erlaubnis dazu zu besitzen, können zu strafrechtlichen Konsequenzen führen.
Achten sie also auf die Berufsbezeichnung Heilpraktiker, Arzt oder Psychologe!

Weiter ist die Atmosphäre wichtig. Die Praxis sollte nicht nach privatem Wohnraum aussehen. Es sollte das professionelle Arbeiten erkennbar sein.
Ich persönlich rate auch ab, von Menschen die Hypnose (oder auch andere Therapien), nur als Hausbesuch anbieten und keine eigene Praxis haben.

Achten Sie auch bitte darauf, dass der Therapeut sich von der Showhypnose distanziert und sich auch keiner dieser Techniken bedient.
Die Ausbildung zum Showhypnotiseur ist eine ganz andere als die zum Hypnosetherapeuten, der die Hypnose zum behandeln von Krankheiten einsetzt! Die Showhypnose dient der Unterhaltung (ohne jetzt das Niveau zu erwähnen, was diese Unterhaltung bietet) und somit gibt es keine Aufarbeitungs- oder Behandlungstechniken o.ä.

Und zum Schluss ein ganz wichtiger Punkt: Das Vertrauen. Sie sollten auf jeden Fall Vertrauen zum Therapeuten haben. Es sollte wirklich die „Chemie" stimmen. Das ist ein ganz wichtiger Punkt, sonst kann Hypnose nicht richtig funktionieren!

Suggestionstexte

Hier möchte ich nun noch ein paar Suggestionstexte aufführen, die Sie ganz individuell für sich nutzen können.
Schauen Sie, welcher der folgenden Texte am besten zu Ihnen passt:

Suggestion zum besseren Gewissen - FH

„Und wo Du nun immer tiefer entspannst und immer ruhiger wirst, merkst Du, wie Du Dich immer wohler und besser fühlst. Du weißt, alles was Du für dich entscheidest ist richtig - vollkommen richtig. Du merkst deutlich, dass es gut für Dich ist. Und das was gut für Dich ist, ist auch gut für Dein Umfeld.
Jeden Tag wirst du ein gutes, ruhiges Gewissen haben. Von heute an, wird alles Negative in Deinem Gewissen durch positives ersetzt. Jeden Tag wirst Du ab heute deiner vielen Positiven Fähigkeiten, Eigenschaften, Handlungen und Entscheidungen bewusst.
Du fühlst Dich gut! Du bist stolz auf Dich!
Du bist stolz auf Dich, alles gemacht zu haben, was Du immer machen wolltest.
Dein Gewissen ist rein - ganz rein und ganz ruhig.
Jeden Tag fühlst du dich wohler in deiner Haut. Du bist dein bester Freund! Niemand steht Dir so Nahe, wie Du Dir. Und niemand wird Dir je so Nahe stehen wie Du Dir.
Nimm Dir nun einen Augenblick Zeit und genieße dieses schöne Gefühl, das zu wissen. Und zu wissen Du achtest gut auf Dich! Genieße dieses gute Gefühl!"
Kurze Pause
„Du weißt, jedes schlechte Gewissen ist ein Stein auf Deinem Lebensweg. Ein Stein, den Du Dir selber vor die Füße legst. Ein Stein der Dich behindert frei zu laufen. Stell Dir diesen Stein nun vor - stell ihn Dir wirklich vor. Vielleicht zeigt Dir dieser Stein, wofür er steht – welches schlechte Gewissen oder welches Schuldgefühl er darstellt. Schau genau hin. Und stell Dir nun vor, wie Du diesen schweren Stein weg räumst. Räum ihn weg - jetzt! Schmeiß ihn weg, spreng ihn weg – egal. Aber räum ihn weg!
Fühle, wie Du nun frei laufen kannst. Du kannst nun frei laufen und erfährst so viele schöne Möglichkeiten für dein Leben."
Kurze Pause
„Wenn es in der Vergangenheit oder im Jetzt irgendwas gibt, was ein ungutes Gefühl auslöst oder ausgelöst hat, dann ist jetzt der Zeitpunkt, dieses ungute Gewissen gegen ein gutes auszutauschen. Schmeiß auch diesen Stein weg! Löse dich von der Vergangenheit. Lass sie los, lass sie gehen - jetzt!"
Pause
„Spüre die Freiheit zu gehen! Du vergibst und verzeihst jedem, der Dich in der Vergangenheit mit einem schlechten gewissen belastet hat. In Deinen Gedanken erlöst Du Dich nun von diesem schlechten Gewissen - wünscht ihm alles Gute. Du brauchst es nicht mehr. Erlaube nun Deinem schlechten Gewissen Deinen Körper zu verlassen. Lass es los, lass es gehen - jetzt!
Es kann Dich beruhigt verlassen, denn ab sofort bist Du ein freier, glücklicher Mensch. Ein Mensch der stolz auf sich ist und auf das was er tut. Du bist jetzt frei von Ängsten, Sorgen Unsicherheit und von Gewissensfragen. Du verabschiedest Dich nun von allem schlechten aus deiner Vergangenheit. Dieses schlechte Gewissen ist die Vergangenheit! Ab jetzt bist

Du reif, stark, sicher und selbstbewusst. Ab jetzt bist Du vollkommen sicher. So sicher, das Du alles alte schlechte gehen lassen kannst. Lasse nun das schlechte Gewissen frei und verabschiede Dich endgültig vom ihm. Verabschiede Dich - jetzt! Lass es gehen! Sieh, wie es geht."

Kurze Pause

„Von jetzt an bist Du die Person, die Du schon immer sein wolltest. Das Leben ist voller Veränderungen. Gute Veränderungen - angstfreie Veränderungen. Die Vergangenheit mit dem schlechten Gewissen ist vorbei. Die Zukunft mit Deinem guten Gewissen ist nun da!"

Pause

„Jeden Tag fühlst Du Dich besser und besser. Jeden Tag fühlst Du Dich glücklicher, stolzer und besser. Jeden Tag werden Deine Handlungen und Entscheidungen sicherer und souveräner - du bist souverän. Du weißt jeden Tag, dass Du richtig handelst und entscheidest. Dein Unterbewusstsein nutzt jeden Tag, um ein stolzer, sicherer und souveräner Mensch zu sein. Was immer Du in der Zukunft machst - Du machst es mit einem guten und ruhigen Gewissen. Dein Gewissen sagt Dir jeden Tag, das alles was Du tust oder entscheidest richtig für Dich ist - richtig und gut. (2x sagen:) Dein Unterbewusstsein beschließt von jetzt an, alles zu tun, was auch immer notwendig sein möge, um stolz auf all Deine Handlungen und Entscheidungen zu sein.

Ab heute führst Du ein ruhiges und selbstsicheres Leben. Du weißt, dass all deine Handlungen und Entscheidungen gute - sehr gute Handlungen und Entscheidungen sind.

Du findest alle Wege, um immer ein gutes Gewissen zu haben. Du hast Freude an Deinen Handlungen und Entscheidungen. Du hast beschlossen Dich von deinem schlechten Gewissen und allen Anspannungen zu befreien - jetzt!"

Kurze Pause

„Und jeden Tag stellst du fest, wie leicht es ist ein gutes Gewissen zu haben. Wie leicht es ist Handlungen und Entscheidungen zu treffen.

Jeden Tag wird es leichter werden - Du spürst wie leicht es ist ein gutes Gewissen zu haben. Von Tag zu Tag bist Du ruhiger, gelassener und sicherer bei Deinen Handlungen und Entscheidungen.

Von Tag zu Tag findest Du mehr und mehr zu Deiner netten, angenehmen und wundervollen Person zurück, die Du wirklich bist!

Ab heute bist Du selbstsicher und ruhig. Du bist selbstsicher und ruhig bei all Deinen Handlungen und Entscheidungen. Dein Unterbewusstsein lässt jegliches Gefühl von schlechten Gewissen aus deinem Kopf frei. Dein Unterbewusstsein entfernt dieses schlechte Gewissen - jetzt!

Jeden morgen, wenn Du aufwachst, weißt Du, dass das ein guter Tag mit guten Handlungen und Entscheidungen für Dich ist. (2x sagen)."

Kurze Pause

"Und immer wenn Du Sorgen oder Angst um Dein Gewissen bekommst, wirst Du ganz automatisch deine Augen schließen, 4 mal tief Luft holen und dann sofort wissen, das Du

alles richtig für Dich machst. Und Du weißt, Du hast das Recht bei allen Handlungen und Entscheidungen ein gutes - sehr gutes Gewissen zu haben. Dur darfst es!
Die Vergangenheit ist vorbei. Die Vergangenheit ist wie sie ist und niemand kann das ändern. Aber Du kannst die Gedanken daran ändern, dann änderst Du Deine Gefühle zu dieser Vergangenheit.. Dein Unterbewusstsein ändert Deine Gedanken - ab heute, ab jetzt.
Genieße dieses schöne Gefühl stolz, ruhig und entspannt bei all Deinen Handlungen und Entscheidungen zu sein. (2x sagen) Und immer wenn Du Sorgen oder Angst um dein Gewissen bekommst, wirst Du ganz automatisch deine Augen schließen, 4 mal tief Luft holen und dann sofort wissen, das Du alles richtig für Dich machst. Und Du weißt, Du hast das Recht bei allen Handlungen und Entscheidungen ein gutes - sehr gutes Gewissen zu haben.
Genieße es einen Moment - erlebe dieses schöne Gefühl - erlebe es!
Sei stolz auf dich!"
Pause

Suggestion zur Kontrolle der eigenen Gedanken – FH

„Gehe nun in einen schönen Raum. Schau Dir die Wände an, sie sind leer. Der ganze Raum ist leer, nur ein Stuhl steht mitten im Raum. Auf diesen Stuhl setzt Du Dich nun hin. Rechts und links von dir, befindet sich eine Tür. Beide Türen sind geschlossen."
Kurze Pause
„Ich werde Dich gleich bitten, eine Tür zu öffnen, und durch diese Türe werden dann Gedanken kommen. Egal welche – sie kommen einfach.
So, nun öffne die eine Tür – sieh, wie die Gedanken herein kommen. Einige sich wichtig, andere unwichtig. Wieder andere sind klein oder sogar richtig groß. Ein paar Gedanken schweben hin und her, andere „stehen" in der Luft oder setzen sich an der Wand ab.
Schließe nun die Tür wieder und beobachte diese Gedanken, die im Raum sind. Beobachte sie genau. Schau Dir alle an, bewerte sie nicht, schau sie Dir nur an".
Kurze Pause.
„Jetzt schau Dir bitte nur die unangenehmen Gedanken an, die negativen, die schweren, die belastenden.
Davon such Dir jetzt einen speziellen Gedanken aus – nur einen.
Sprich zu diesem Gedanken – bleib bitte freundlich. Sprich zu diesem Gedanken! Bleibe freundlich, denn dieser Gedanke gehört zu Dir, also sei freundlich zu ihm. Sprich mit ihm – und höre, was er zu Deiner Aussage zu sagen hat. Höre genau hin."
Kurze Pause

„Achte nun darauf, wie Du Dich diesem Gedanken gegenüber fühlst? Hängt dieser Gedanke an anderen Gedanken, ist er also mit anderen Gedanken verbunden? Ist es notwendig, das dieser Gedanke, mit Dir in diesem Raum jetzt sein muss?
Wenn ja, dann schau, was getan werden muss, damit er gehen kann – schau hin, höre hin, was getan werden sollte."
Kurze Pause
„Wenn nicht, dann lass ich jetzt los. Lass ich gehen, lass ihn frei. Öffne gleich die andere Tür, wenn Du soweit bist, dass dieser Gedanke gehen kann."
Kurze Pause
„Öffne nun die andere Tür! Lass den Gedanken gehen! Schau zu, wie der Gedanke durch die Tür hinaus geht."
Kurze Pause
„Schließe nun die Tür wieder!
Widme Dich nun einem weiteren negativen, schweren Gedanken. Schau hin, welche Gedanken wichtig sind und vor allem, schau auf die Gedanken, die gehen dürfen.
Sprich wieder zu ihnen. Hör hin, was die Gedanken zu sagen haben und hör hin, was getan werden muss, damit sie gehen können. Und dann – lass sie gehen.
Öffne dann wieder die Tür und lass sie gehen! Danach schließt du die Tür wieder.
Mach das so lange, bis alle negativen, unangenehmen und schweren Gedanken gegangen sind."
Pause
„Schau Dich nun in Deinem Raum um. Geh sicher, dass alle negativen, unangenehmen und schweren Gedanken gegangen sind.
Schau nun, dass alle Gedanken, die noch da sind, Gedanken sind, die Du auch wirklich haben möchtest. Gedanken, von denen Du möchtest, dass sie zu Dir und zu Deinem Leben gehören.
Achte darauf, wie sie sich anfühlen, wie Du Dich dabei fühlst – nur von schönen, angenehmen Gedanken umgeben zu sein."
Kurze Pause
„Lass diese Gedanken nun größer werden – lass sie strahlen. Strahlen, wie die Sonne – hell und schön.
Nimm diese Gedanken tief in Dir auf – spüre sie, wie die Sonne, die auch Dich erhellt. Fühle, wie gut sich das anfühlt. Wie zufrieden, wie schön, wie frei – einfach Frei!"
Pause

Suggestion gegen Schuldgefühle – FH

„Da lässt es geschehen, dass Dein UB alles macht, was nötig ist, um deinen Kopf zu entspannen.
Vielleicht spurst du es schon jetzt, wie dein Kopf entspannt, vielleicht spürst Du es auch erst einen Moment später.
Es ist egal, Du spürst es.
Die, Stirn ist locker und glatt, der Kiefer entspannt. 2 ×
Zu deiner eigenen Überraschung, spürst du, wie du tatsächlich entspannst. Von Sek zu Sek mehr - und noch mehr.
Und wie Du weiter und weiter entspannst, bist Du Dir bewusst, wie eine große Freiheit in Deiner Persönlichkeit ausbreitet. Dein Leben wird ständig durch Erneuerungen in Deinem Geist und in Deinen Gedanken verändert. Also erlaube diesen positiven Formeln, tief in Dein Innerstes zu dringen und sich dort festzusetzen. Du verzeihst und vergibst jedem, der Dich in der Vergangenheit verletzt oder Dir geschadet hat. In Deinen Gedanken erlöst Du sie und wünscht ihnen alles erdenklich Gute für ihr Leben, was Du Dir selbst auch wünscht. Und jetzt vergibst Du auch Dir, für Fehler oder falsches Verhalten in der Vergangenheit. Was auch immer Du in der Vergangenheit getan haben mögest, das Du bereust, Du vergibst Dir jetzt selbst und befreist Dich von jedem Schuldgefühl. Erlaube dem Schuldgefühl jetzt Deinen Körper zu verlassen.

Du hast Dir selbst verziehen und bist ab sofort ein freier glücklicher Mensch. Du weißt, dass Dich jeder Fehler weiter bringt in der Entwicklung Deines Lebens und jedes Schuldgefühl ist ein Stein, den Du Dir selbst auf Deinem Lebensweg vor die Füße legst. Als räume diese Steine aus dem Weg und Du erfährst viel größere Möglichkeiten, Veränderungen und Chancen in Deinem Leben. Räume die Steine weg, sprenge sie weg, schaufel sie weg – egal wie, aber räume sie weg – jetzt! Vielleicht ist da noch ein Stein, vielleicht trägt er einen Namen oder steht für ein bestimmtest Ereignis – egal, räum ihn weg – jetzt! Pause
Du vergibst jetzt Deinen Eltern und Deinen Erziehern, dass sie Dir ihre Liebe entzogen haben, wenn sie mit Deinem Verhalten unzufrieden waren. Niemand ist vollkommen und jeder ist einmal überfordert. Also verzeihe und vergebe ihnen dafür dass sie Dir ihre Liebe damals entzogen haben. Du bist jetzt frei von kindlichen Gedanken über Deinen Körper und über deine Sexualität. Du verabschiedest Dich von allen negativen Gedanken bezüglich Deines Körpers und bezüglich Deiner Sexualität. Diese Gedanken waren in der Vergangenheit wichtig, um Dich zu schützen, aber jetzt bist Du reif und erfahren genug, um sie freizulassen. Also lasse diese Gedanken frei und verabschiede Dich von allen negativen Gedanken bezüglich Deines Körpers und Deiner Sexualität. Du vergibst Dir selbst dafür, dass Du in der

Vergangenheit Deinen Körper nicht so geliebt hast, wie Du es solltest, wie Du es wolltest und wie Du es brauchtest.
Entspanne Dich und erlaube jetzt Deinem Unterbewusstsein, Dich jetzt von jedem Gefühl der Schuld, der Ungerechtigkeit und des Ärgers zu befreien.
Du vergibst Dir selbst für vergangene Fehler, für Dinge, die Du getan oder unterlassen hast, dafür, verantwortungslos oder gedankenlos gewesen zu sein, dafür andere oder Dich selbst verletzt zu haben. Befreie Dich von all diesen Gedanken.
Dein Unterbewusstsein lässt jegliches Gefühl von Schuld aus Deinem Geist frei, entfernt dieses Gefühl. Diese Gefühle existierten ausschließlich in Deinem Kopf, denn Du bist ein menschliches Wesen. Und genauso kannst Du dieses Gefühl auch wieder aus Deinem Kopf frei lassen.
Das Leben ist voller Veränderungen. Die Vergangenheit ist vorbei, unwiederbringlich vorbei. Die Vergangenheit ist wie sie ist und nichts und niemand kann daran etwas ändern. Aber Du kannst die Gedanken daran ändern. Dein Unterbewusstsein kann etwas daran ändern, Dein Unterbewusstsein ändert Deine Gedanken.
Du hast die Fähigkeit, Dich selbst zu überraschen.
2 Min. Pause geben.“

Suggestion zur Steigerung des Selbstvertrauens – FH

„Entspannung über Musik geben, die trägt und an einen schönen Ort begleitet. An diesem Ort hat alles Zeit für später – ALLES hat Zeit für später. Du hast diese Zeit für Dich – nur für Dich.
Spüre die Kraft, diesen Frieden – in Dir!
Gehe nun weiter in Dich hinein. Du hast diese Zeit für dich - nur für dich. Alles hat Zeit für später – alles. Du fühlst Dich sicher und geborgen. Ganz sicher und ganz geborgen.
In der Ruhe lieg die Kraft. Du hast Ruhe – Du hast sie, die Ruhe
Dein UB wacht über Dich. Es ist für Dich da, nur für Dich! Das UB nimmt jedes Wort von mir tief in sich auf und Du setzt jedes Wort von mir so um, wie ich es Dir sage. Denn all meine Worte entsprechen genau Deinem Wunsch und Deinem Willen.
Es ist so unendlich angenehm, die Beine, die Arme mal so einfach nur liegen zu lassen. Es ist so unendlich angenehm, alles von Dir einfach mal so liegen zu lassen, einfach nur liegen zu lassen. Alle Muskeln sind schön warm und locker.
Jeden Tag wirst Du Dir Deiner Fähigkeiten, positiver Eigenschaften und Schönheiten in Dir bewusst. 2x

Alles was machbar ist, alles was Du wirklich willst, wirst Du erreichen, ganz leicht. Du weißt, dass Du alles erreichen kannst, was Du wirklich willst. Du weißt es, dass du es kannst. Ja, Du kannst es!
Jeden Tag füllst Du deinen Geist mit positiven Gedanken und glücklichen Gedanken. Das negative war gestern. Gestern war gestern. Heute ist heute. Und heute ist gestern vorbei!
Heute füllst Du Dich und Deinen Geist mit positiven Gefühlen und Gedanken. Denn heute ist heute, gestern ist heute vorbei!
Das Negative gehört zum gestern, zur Vergangenheit- das Gestern ist heute vorbei!!!
Bei jedem neuem Tag, bedenke: heute ist heute. Heute ist gestern vorbei.
Sehe nun, deine positiven Bilder – sehe sie, jeden Tag.
Denn das was Du kannst sehen, wird auch geschehen. Es geschieht immer das, was Du Dir vorstellst – immer! Stelle Die Gedanken bildlich vor und Du wirst es erreichen. Du bist eine liebenswürdige Person, ein liebenswürdiger Mensch, der fähig ist, Liebe zu empfangen und Liebe zu geben. Je mehr Du Dich selber liebst, desto mehr lieben Dich auch andere.
Je mehr Du Dich, so wie Du bist, selber liebst, desto mehr bist Du in der Lage andere zu lieben und sie Dich.
Du akzeptierst Dich, so wie du bist. Mit allen Stärken, aber auch Schwächen. Du akzeptierst Dich so, wie Du bist, und Du vertraust Dir. Du vertraust Dir und der Art und Weise, wie Du vollkommen bist. Und die Menschen Dich akzeptieren Dich, weil du so bist wie du bist. Du bist eine wertvolle und wirklich wichtige Person. Du bist ein Mensch der wichtig ist. Schau Dir die vielen Menschen an, die Dich so mögen und lieben, wie Du bist. Sie lieben Dich, weil Du so bist, wie Du bist!
Du verfügst über Einmaligkeit, die niemand sonst so besitzt wie Du, weil Du einmalig bist!
Du hast Fähigkeiten, die Du der Welt anbieten kannst. Biete sie der Welt an. Biete der Welt Deine Talente und Fähigkeiten an, tu es!
Das negative war gestern, heute ist heute. Gestern ist heute vorbei!
Was Du kannst sehen, wird auch geschehen. Arbeite daran, Dir die Dinge bildlich vorzustellen und Du wirst sie erreichen- Du erreichst sie!
Was Du kannst sehen, wird auch geschehen.
Genieße diesen Ort, und ersetze hier jetzt die negativen Gedanken, durch positive.
Du bist Dein bester Freund, Dein allerbester Freund. Nimm Dir die Zeit, dieses zu wissen.
Das DU Dein allerbester Freund bist, ein Freund der es immer gut mit Dir meint.
Wenn es in der Vergangenheit irgendetwas gibt, was Du bedauerst, dann nimm Dir jetzt die Zeit, Dir selbst zu verzeihen und zu vergeben. Vergebe Dir – jetzt! Verzeihe Dir – jetzt. Vergebe Dir. Und lass das Negative gehen.
Lass die Vergangenheit da wo sie ist- in der Vergangenheit. Lass sie gehen. Jetzt. Vergebe Dir.“
Pause

„Du hast daraus die Chance bekommen zu lernen Und genutzt. Also las, die Vergangenheit los - sie ist Vergangen und nicht mehr änderbar.
Wenn Du an ihr festhältst ist sie genauso wenig änderbar, als wenn du sie los lässt, und Dir verzeihst. Nur loslassen und verzeihen macht Dein leben leicht! Lerne aus dem Vergangen neu aber vergebe Dir und dass sie los - jetzt
Das was Du bedauerst nutzt Du um daraus zu lernen, es von jetzt an besser zu machen. Aber Du vergibst Dir- jetzt.
Dadurch wirst Du ganz von alleine, dafür brauchst Du nicht mal etwas zu tun, es geschieht ganz von allein, die Person die Du immer sein wolltest und auch bist!
Lass die negativen Gedanken gehen, sammel das Negative und lass sie dann geschlossen gehen. Bleibe freundlich, aber lass sie gehen. Denn DU hast dich von jetzt entschieden, für das Positive und dafür brauchst du nun das Negative nicht mehr. Lass sie gehen – jetzt!"
Kurze Pause
„Damals, da hast Du sie gebraucht, doch jetzt hast Du Dich für etwas anderes entschieden, das Positive. JEDER hat das Recht, seine Meinung und Entscheidung zu ändern, genau wie Du. Du hast Dich nun neu entschieden – für Dich und das Positive.
Such Dir ein passendes Bild dazu und lass sie nun gehen"
Pause
„Nun such Dir ein passendes Bild für die neuen schönen positiven Gedanken und Gefühle die nun zu Dir kommen.
Was Du kannst sehen, wird auch geschehen. 2x
An dem Ort, an dem Du sich jetzt befindest, ist der Ort für Deine Kraft für die neue positive Lebensweise.
Jeden Tag nutzt Du die Macht Deines Unterbewusstsein und deines Körpers, um glücklich und ausgeglichen zu sein. Was immer Du in der Zukunft machst, Du machst es ruhig und gelassen.
Was Du kannst sehen, wird auch geschehen. Sieh es, sieh es positiv.
Du findest immer Weg, Deine positiven Eigenschaften anderen zu zeigen.
Du vertraust Dir selber, denn Du bist Dein bester Freund. Niemand steht Dir so nahe wie Du Dir selber.
Gedanken bestimmen die Gefühle. DU bestimmst deine Gedanken und damit auch Deine Gefühle. Du behältst die Macht über Deine Gedanken, damit bestimmst Du Deine Gefühle. Positive Gedanken sind positive Gefühle.
Wie Du der Welt gegenüber trittst, so tritt die Welt auch Dir gegenüber. Du bist der Welt froh gesonnen. Nicht ihr Feind, sondern ihr Freund, also lache. Lache der Welt entgegen.
Ich werde nun ein bisschen Schweigen, damit Du dieses gute Gefühl genießen kannst. Und dieses positive Gefühl bleibt Dir erhalten, auch wenn Du wieder im Wachzustand bist. Vertiefe es, bis ich wieder zu dir spreche."

Suggestion gegen Selbstmitleid, zur Steigerung der Zufriedenheit – FH

„Spüre einmal: manchmal bist Du traurig, weil so viel schief geht und einfach nicht glückt. Und Du dann meinst, dass das dann immer so bleibt, weil es an Dir liegen könnte, wenn das Glück einfach so vorbei geht...........

Spüre nun wie Du angespannt bist. Wie Deine Atmung vielleicht schneller geht oder dein herz schneller schlägt oder deine Muskeln sich anspannen – spüre es einfach.
Nun denke an was schönes, an was richtig tolles.......
Und spüre nun, wie sich Deine Muskeln wieder entspannen oder Du gar anfängst zu schmunzeln oder zu lachen anfängst. Und spüre, wie Du Dich dabei fühlst. Und denke daran, wie Du eben gefühlt hast."
Kurze Pause
„Du weißt nun, dass das was Du denkst, Du auch fühlst – Gedanken bestimmen unsere Gefühle. Denkst Du positiv, hast Du positive Gefühle und positive Reaktionen-
Gedanken bestimmen unsere Gefühle!"
Kurze Pause
„Nimm nun einen tiefen Atemzug, tief in Deinen Unterbauch hinein. Und mit dem Ausatmen, entledige Dich all der vergangen negativen Bilder. Lasse mit jedem ausatmen alle negativen Bilder aus deinem Körper gehen."
Pause
Denke nun wieder an das Schöne. Und spüre die Wärme in Deinem Körper und spüre, wie das Blut durch deine Adern fließt – lass es fließen, ganz ungehindert. Einfach fließen lassen. Ein ruhiger, warmen Strom – lass ihn einfach fließen. Und lass es zu, dass du dabei immer ruhiger und gelassener wirst - noch ruhiger, noch ruhiger.
Und mit jedem einatmen, nimmst Du Stärke und Kraft in Dir auf – tief in deinem Unterbauch nimmst Du diese Kraft und Stärke in Dir auf – mit jedem Atemzug. Und während Du zulässt, das sich die Kraft und Stärke mehr und mehr ausbreiten, erinnerst Du Dich, das Du weißt: deine Gedanken bestimmen deine Gefühle!"
Pause
„Lege nun Deine Hände auf Deinen Bauch. Und spüre wie sich Dein Bauch hebt und senkt. Spüre wie Du atmest. Spüre das Du lebst – Deine Atmung zeigt Dir: Du lebst!! Spüre, wie Du tief in Deinen Unterbauch ein- und ausatmest – immer wieder ein- und ausatmest. Und wie sich so immer mehr die Ruhe und Gelassenheit ausbreitet und wie immer mehr die Kraft und Stärker ausbreitet."
Kurze Pause
„Lege nun eine Hand in die andere – nimm Dich selber an die Hand. Nimm Dich selber an die Hand und führe Dich durch das Leben. Vertraue Dir – du bist Dein bester Freund. Ein Freund der IMMER bei Dir ist. Der IMMER zu Dir hält, der IMMER für Dich da ist – wirklich immer. Ein Freund, der es immer gut mit Dir meint.

Nimm Dich selber an Hand und begleite Dich."
Kurze Pause
„Las die Gedanken zu, zu wissen, wie Du alles zu Deinen Gunsten wenden kannst, denn du hast jemanden an deiner Hand, der Dir helfen wird – dich! Lass nun die Gedanken zu, wie Du alles zu Deinen Gunsten richtest."
Pause
„Spüre, wie Du dabei wächst! Wächst bei dem Tun, was Du tust. Wie Du wächst, mit dem Wissen, jemanden bei Dir zu haben, jemanden an deiner Hand zu haben……
Und wie Du ganz allmählich, mit jedem morgendlichen Aufstehen stärker und stärker bist und genau weißt, was Du für Glück hast.
Du bist frei für positive Gedanken, denn Du weißt: Gedanken bestimmen Gefühle - und Du bestimmst Deine Gedanken.
Und ganz allmählich, mit jeden morgendlichen Aufstehen, bist Du stärker und stärker – für dieses tolle Leben, denn Du hast einen wirklich tollen Freund an deiner Hand – Dich!"
Pause
„Genieße die Gewissheit, mit jedem Tag und mit jedem Atemzug stärker, glücklicher und freier für positive Gedanken zu sein.
Und immer wenn Du in eine schwierige Situation kommst und Zweifel bekommst, dann nimmst Du Dich selber an die Hand und führst Dich durch die Situation, mit Deinem Freund an Deiner Hand - zu deinem Guten und zu Deinem Glück.
Immer wieder, nimmst Du selber an die Hand und lässt es zu, zu spüren, dass Du Dein bester Freund bist. Ein Freund, der es immer gut mit Dir meint – immer.
Du bist Dein bester Freund!! 2x
Und nun nimmst Du die Gewissheit mit, zu wissen, dass Du aus allen Gedanken, positive Gedanken machen kannst und aus allen Situationen, positive Situationen machst!
Du weißt, das Du etwas für Dein Glück tun kannst……. Gedanken bestimmen Gefühle…….
Und Du weißt, mit Deinem Freund an Deiner Hand, gehst Du aus allem stärker als zuvor.
Nimm Dich also immer an die Hand – denn Du bist dein bester Freund!!!"

Suggestion, bei Fragen, was sie für sich selber tun können – FH

„Ich werde Dich nun auf eine Reise schicken.
Diese Reise beginnt in der Natur, auf einem Feldweg. Auf der einen Seite verläuft parallel zu dem Weg ein kleiner Bach, mit kristallklarem Wasser. Auf der anderen Seite, sind

Wiesen. Auf diesen Wiesen stehen Tiere. Pferde und/oder Kühe. Du bist wirklich vollkommen tief entspannt. Mach Deine Gedanken frei."

Kurze Pause

„Du läufst diesen Weg. Die Sonne scheint angenehm warm von einem blauen Himmel.

Auf der Seite, wo der Bach fließt, siehst Du nun einen Garten.

Du gehst in diesen Garten hinein. Sieh Dich in diesem Garten um. Wie sieht er heute aus?

Sieh Dich genau um. Was wächst in ihm, wie wächst es?

Sehe die Grenze, des Gartens und werde neugierig, was dahinter liegen mag.

Wenn der Garten eine Hecke hat – dann suchst Du nach einem Loch. Es gibt immer einen Weg, Du musst nur schauen.

Wenn er einen Zaun hat – dann suchst Du nach einem Tor oder einer Tür. Es gibt immer einen Weg, Du musst nur schauen.

Wenn er offen ist, gehe einfach hinaus.

Du bist nun auf einer Wiese. Du gehst diese Wiese entlang. Du siehst auf dieser Wiese, viel schöne bunte Blumen. Auch schöne Tiere sind auch dort: Schmetterlinge, Libellen.

Du geht's weiter. Der Bach, der eben noch neben dem Weg floss, schlängelt sich jetzt über die Wiese.

Diese Wiese führt zu einem kleinen Wald. Ein kleiner Weg führt in diesen Wald. Du gehst hinein.

Während Du in den Wald hineingehst, bemerkst Du die Sonnenstrahlen, die zwischen den Bäumen hindurch fallen und schöne helle Lichtflecken auf Ihren Weg werfen, während Du immer tiefer und tiefer in den Wald hineingehst. Du bist nicht allein in diesem Wald. Unzählige von Tieren, sind auch in diesem Wald. Alle sind damit beschäftigt, Ihrem Tagewerk nachzugehen. Alle arbeiten zusammen, alle tragen etwas zum Ganzen bei.

Alle sind ein Teil vom Ganzen, so wie ein Baum ein Teil vom ganzen Wald ist. Und jeder Teil ist wichtig, weil aus jedem Teil das Ganze entsteht. So wie Du auch ein wichtiger Teil vom Ganzen bist."

Kurze Pause

„Dann siehst Du einen Baum- vielleicht weißt du nicht warum, aber der Baum fasziniert Dich. Du gehst zu dem Baum. Du schaust Dir an, wie er wächst, wo er wächst. Wenn Du magst, dann berührst du ihn."

Kurze Pause

„Gleich möchte ich Dich bitten, diesen Baum hinauf zu klettern, bis ganz nach oben in die Spitze. Es gibt immer einen Weg, Du musst nur schauen. Kletter nun also hinauf, höher, bis ganz nach oben.

Von ihr oben hast Du einen ganz weiten Blick, über den ganzen Wald.

Und gleich, möchte ich Dich bitten, die Arme auszubreiten. Dann kommt ein Windhauch und trägt Dich hoch empor, wie einen Vogel.

Breite nun die Arme aus. Lasse Dich hoch empor tragen. Lasse Dich tragen.

Du wirst von etwas getragen, was Du nicht sehen kannst, was aber trotzdem da ist. Lasse Dich tragen. Du vertraust auf etwas, was Du nicht sehen kannst, was aber ganz sicher da ist – der Wind!"

Kurze Pause

„Von hier oben, siehst Du nach unten – Du siehst Deinen Baum. Sehe ihn. Du siehst ihn von oben. Er sieht nun ganz anders aus, als eben. Es ist aber derselbe Baum wie eben, aber doch sieht er nun ganz anders aus.

Du siehst deinen Garten. Es ist derselbe Garten, wie eben, aber doch sieht er nun ganz anders aus.

Du siehst die Tiere auf der Wiese. Es sind dieselben Tiere, wie eben, aber doch sehen sie nun ganz anders aus.

Die Perspektive ändern – und dasselbe sieht dann doch ganz anders aus! 2x"

Kurze Pause

„Mit diesem Wissen, landest Du wieder in Deinem Baum. Und Du kletterst wieder hinunter. Du stehst wieder vor Deinem Baum."

Kurze Pause

„Gleich möchte ich Dich bitten, nach unten zu den Wurzeln des Baumes zu klettern. Es gibt immer einen Weg, Du musst nur schauen. Kletter nun hinunter. Von hier unten schaust Du hinauf. Es ist derselbe Baum wie eben, aber doch sieht nun wieder ganz anders aus.

Die Perspektive ändern – und dasselbe sieht dann doch ganz anders aus!

Kletter nun wieder hinauf. Stelle Dich wieder vor deinen Baum."

Kurze Pause

„Gleich möchte ich Dich bitten: werde zum Gärtner dieses Baumes. Sorge dafür, dass er zu seiner vollen Größe heran wachsen kann und sein volles potenzial entfalten kann.

Werde zum Gärtner und erledige alle Arbeiten, die notwendig sind. Alles, was Du an Werkzeugen benötigst, steht dir zur Verfügung. Alles, was Du an Materialien benötigst, steht dir zur Verfügung.

Fange nun mit den Wurzeln an. Schaue zunächst nach, ob Du etwas für die Wurzeln tun musst - vielleicht musst Du diese ein wenig zurückschneiden. Vielleicht muss auch die Erde erneuert werden. Die Wurzeln brauchen vielleicht mehr Nährstoffe. Verrichte nun alle Arbeiten an den Wurzeln, die notwendig sind."

Pause

„Schaue Dir nun die Rinde an. Muss sie ausgebessert werden? Verrichte nun alle Arbeiten an der Rinde, die notwendig sind, damit dieser Baum zu seiner vollen Größe heranwachsen kann und sein volles Potenzial entfalten kann."

Pause

„Schaue Dir nun die Krone ihres Baumes an. Verrichte nun an der Krone alle Arbeiten die notwendig sind. Müssen Äste zurück geschnitten werden, liegen alte, abgestorbene Äste in ihm? Verrichte nun an der Krone alle Arbeiten."

Pause

„Schaue Dir nun noch das Umfeld dieses Baumes an. Sorge dafür, dass er frei und ungehindert wachsen kann. Helfe dem Baum."

Pause

„Schaue ihn nun an. Hat er sich verändert? Hat sich Dein Gefühl zu diesem Baum verändert? Wenn ja, wie?"

Kurze Pause

„Lege nun die Arme um diesen Baum. Spüre ihn."

Kurze Pause

„Ich werde nun bis drei zählen und wenn ich bei drei angekommen bin, dann wirst Du zu diesem Baum. 1…2…..3.

Du bist der Baum!

Spüre die Arbeiten, die Du verrichtet hast. Spüre Deine Wurzeln, wie sie sich tief in den Boden eingraben. Spüre die Arbeiten an deiner Rinde. Und spüre die Arbeiten, die Du an Deiner Krone verrichtet hast. Du bist der Baum!

Spüre den Wechsel der Jahreszeiten. Spüre den Herbst. Spüre, wie Deine Wurzeln dir den Halt geben. Wurzeln, die Du nicht sehen kannst, die Dir aber den nötigen Halt geben. Mit dieser Kraft der nicht sichtbaren Wurzeln, kannst Du Dich auch der Gefahr des Sturmes flexibel stellen. Und das obwohl Du Dich nicht von dem Fleck weg bewegen kannst, auf dem Du nun mal stehst. Der Halt der Wurzeln und deine Flexibilität, ermöglicht es Dir auf jede Gefahr zu reagieren, indem Du Dich flexibel mit dem Wind biegst, anstatt sich ihm starr und steif entgegen zu stellen.

Spüre den Winter. Spüre den Halt, den Dir die Wurzeln geben, damit Du die schwere Last, des Schnees, mit Leichtigkeit tragen kannst.

Spüre den Frühling, wie Deine Wurzeln Dir die Kraft geben, alle Nährstoffe aus dem Boden zu ziehen, damit Du jedes einzelne Blatt sprießen lassen kannst.

Spüre den Sommer, wie Deine Wurzeln Dir die Kraft geben, Deine große, prächtige Krone zu tragen, die jedem Schatten bietet, der Schatten möchte.

Spüre die Arbeiten, die Du in Deinem Umfeld verrichtet hast. Spüre, wie frei und ungehindert Du wachsen kannst!

Du bist der Baum!"

Pause

„Fühle die Arbeiten, die Du an Dir verrichtet hast. Fühle, wie gut sich das anfühlt. Fühle es!"

Pause

„Fühle nun, was Du für Arbeiten in Deinem Alltag verrichten musst, damit auch Du Dich in Deinem Alltag genau so prächtig fühlst, wie dieser Baum hier. Du fühlst, welche Arbeiten heute noch notwendig sind, damit du Dich so prächtig fühlst. Du spürst, welche Arbeiten morgen notwendig sind."

Pause

„Ich werde nun einige Minuten schweigen. In dieser Zeit weiß Dein Unterbewusstsein genau was zu tun ist, damit Du Dich genau so prächtig fühlst, wie Du Dich als Baum jetzt gerade fühlst. Dein Unterbewusstsein weiß gena, was zu tun ist – lass es einfach gesehen."
Pause 2-5 min
„Ich werde jetzt gleich von 3 bis 1 zählen. Wenn ich bei 1 angekommen bin, bist Du wieder Du selber und Du stehst wieder vor deinem Baum. 3…….2…..1
Du bist wieder Du selber und Du stehst wieder vor Deinem Baum. Achte auf Dein Gefühl. Hat es sich verändert, hat es zu diesem Baum verändert? Wenn ja, wie? Hat sich Dein Baum verändert? Wenn ja, wie?"
Kurze Pause
„Jetzt ist es langsam an der Zeit, sich von Deinem Baum zu verabschieden. Mit dem Wissen, das Du jederzeit zu Deinem Baum zurück kehren kannst, um auch weiterhin alle Arbeiten zu verrichten, die notwendig sind, damit dieser Baum auch weiterhin zu seiner vollen Größe heran wachsen kann und sein volles potenzial entfalten kann. Mit diesem Wissen, verabschiedest Du Dich nun von Deinem Baum. Du gehst den Weg zurück, den du gekommen bist. Bis hinein zu Deinem Garten. Dort gibt es eine bequeme Möglichkeit, sich zu setzen. Dort setzt Du Dich und nimmst Dir die Zeit, die Du brauchst, um all das Revue passieren zu lassen."

Suggestion gegen Migräne – FH

„Da lässt es geschehen, dass Dein UB alles macht, was nötig ist, um Deinen Kopf zu entspannen.
Vielleicht spurst Du es schon jetzt, wie Dein Kopf entspannt, vielleicht spürst Du es auch erst einen Moment später.
Es ist egal, Du spürst es.
Die Stirn ist locker und glatt, der Kiefer entspannt. 2 ×
Zu Deiner eigenen Überraschung spürst Du, wie Du tatsächlich entspannst. Von Sekunde zu Sekunde mehr - und noch mehr.
Stell Dir nun Deinen Kopf vor. Du siehst Deinen Kopf. Und nun, verwandel Deinen Kopf in eine durchsichtige Kugel. Dein ganzer Kopf, ist wie aus Glas. Und Du kannst klar und deutlich hinein sehen. Schau hinein."
Kurze Pause
„Du siehst Dein Gehirn, Du siehst die Venen, die Arterien. Und Du siehst, wie durch Deine Adern gleichmäßig und ruhig das Blut fließt.

In einen bestimmten Teilbereich, ist das jedoch nicht so. In diesem einem Teilbereich pulsieren und puckern die Adern. Schau hin. Du kannst genau sehen, wie die Adern an- und abschwellen. Immer wieder. Es pulsiert stark. Du kannst den Druck in diesen Adern sehen - und fühlen. Ein starker Druck, Du kannst den Druck fühlen.

Ein Pulsieren. immer wieder.

Du kannst den Druck sehen, der auf den Adern lastet. Ein imenser Druck."

Kurze Pause

„Stell Dir nun vor, wie Du an der Seite Deines Kopfes einen Hahn montierst. Einen Hahn, der aussieht wie ein Wasserhahn. Schau hin.

Dieser Hahn ist da. An der Seite vom Deinem Kopf.

Dieser Hahn ist auf der hinteren Seite genau mit den Adern verbunden, die so stark pulsieren, die, die so einen starken Druck haben.

Auf der vorderen Seite ist ein Schlauch befestigt. Diesen Schlauch kannst Du nun irgendwo hinleiten, wohin du willst. Vielleicht zu Deinen Füßen oder Deinen Händen. Egal, wohin Du willst. Leite das Ende vom Schlauch, nun wohin Du möchtest. Dort befestigst Du den Schlauch."

Kurze Pasue

„Nun dreh bitte diesen Hahn auf - dreh ihn auf.

Dreh ihn auf. Und nun schau zu, wie das ganze Überschüssige Blut abfließt. Es fließt von den pulsierenden Adern, durch den Wasserhahn, in den Schlauch und von dort fließt es einfach ab. Es fließt ab - lass es fließen. Es fließt aus den stark angeschwollenen Adern einfach ab - lass es fließen! Es fließt genau dort hin, wo Du das andere Ende vom Schlauch befestigst hast."

Kurzer Pause

„Dein Unterbewusstsein sorgt dafür, dass das ganze überschüssige Blut nun über diesen Schlauch, in einen anderen Teil deines Körpers geleitet wird. Vielleicht in Deine Hand oder in Deine Füße. Lass Dein Unterbewusstsein einen Weg zu einem Körperteil finden. Lass es nun genau dahin abfließen - lass es fließen."

Kurze Pause

„Du kannst es spüren, wie es genau in dieses Körperteil abfließt. Vielleicht spürst Du dort nun Wärme oder ein Kribbeln oder schwere weil Blut hinein fließt"

Kurze Pause.

„Du lässt den Hahn auf und lässt es fließen. Es fließt an die Körperstelle, wo es gebraucht wird."

Kurze Pause

„Nun schau wieder in Deinen Kopf. Schau auf die Adern. Schau hin, wie sich Deine Adern beruhigen. Und fühl es!"

Kurze Pause

„Fühl, wie Deine Adern entspannen. Fühl, wie all der Druck abfließt."

Pause.

„Nun schau hin, wie entspannt auch diese Adern nun sind. Ganz entspannt. Sieh nun auch auf die Normalgröße zurück gekehrt sind. Und Du lässt nun auch das Blut völlig entspannt hindurch fließen.
Du spürst, wie mit dem Überschuss Blut, auch die Schmerzen abgeflossen sind. Dein Kopf ist frei und ganz leicht."
Kurze Pause
„Alles ist abgeflossen, Das Blut ist dorthin abgeflossen, wo es dein Körper benötigt hat."
Kurze Pause
„Auch der Schmerz ist abgeflossen. Und Du spürst inneren Frieden. Der Frieden breitet sich mehr und mehr in Dir aus. Und Du stellst fest, das auch nach dieser Worten, all Deine Schmerzen abgeflossen sind und der Frieden in dir bleibt- er bliebt in dir."
Kurze Pause
„Bewusst oder unbewusst weißt Du jetzt: Du lässt Dir Zeit, bei allem was du tust.
In der Ruhe liegt die Kraft, In der Ruhe liegt Deine Kraft.
Fühle diese Kraft. Fühle sie jetzt.
Und mit Ruhe, hast Du immer Zeit. Zeit für Dich. Dich zu besinnen um zu Deiner inneren Ruhe und Kraft zu finden."
Kurze Pause
„Mit dieser Ruhe und mit dieser Kraft, bist Du nur in diesem Augenblick. Im Jetzt.
Nicht im Gestern, nicht im Morgen - sondern im Heute, im Jetzt.
Und wenn andere Gedanken kommen - lass sie kommen, aber lass sie auch wieder gehen. Wie die Wolken - kein festhalten. .
Du bleibst im Jetzt. Denn nur das was im Jetzt ist, ist wichtig und veränderbar. Nur das Jetzt ist veränderbar. Nicht das Gestern, nicht das Morgen, nur das Jetzt ist veränderbar.
Es ist wie ein Bergsteiger, der auf dem Gipfel will. Er kann sich den Gipfel anschauen und tagelang überlegen, wie er auf dem Gipfel kommt. Er kommt nur an, wenn Schritt für Schritt, ganz langsam und mit Ruhe, los geht."
Kurze Pause
„Doch letzlich zählt das Jetzt. Und das jetzt losgehen und dann einen Schritt nach dem anderen zu gehen. Und dabei nur über den nächsten Schritt nachzudenken.
Nur der nächste Schritt. Nicht der übernächste, nicht der Gipfel - nur der nächste Schritt. Er kommt nur an, wenn er einen Schnitt nach dem anderen geht und sich nur über den nächsten Schritt gedanken macht. Ein Schritt nach dem anderen. Immer nur ein Schritt. Macht er sich zuviel Gedanken, um die Schritte in der Zukunft, wird er stolpern und gar abstürzen........ Nur wenn er einen Schritt nach den anderen geht, kommt er an. Nur wenn er im Jetzt bleibt, die dem Schritt der gerade jetzt anstehht, kommt er an. Und diese Schritte geht er langsam und bedacht."
Kurze Pause
„Du kommst weiter, wenn du dir Zeit lässt. 2 x
Je mehr Zeit Du Dir lässt, desto schneller bist du. Denn bedenke: Du hast nie die Zeit

etwas richtig zu machen, aber Du findest immer die Zeit, es ein 2. mal zu machen, weil es in der Schnelligkeit, beim ersten Mal, schief gegangen ist.
Also lass das 2-mal einfach weg, indem Du Dir beim ersten Mal Zeit lässt.
Du kommst weiter, wenn du dir Zeit lässt. 2 x
Du weißt, das Du schneller weiter kommst, wenn Du Dir Zeit lässt. Lass Dir Zeit und bleibe nur im Jetzt, nur beim nächsten Schritt ....und Du wirst feststellen, wie schnell Du bist."
2 Min. Pause geben.

Quellenangabe

1. http://de.wikipedia.org/wiki/Bewusstsein
2. http://de.wikipedia.org/wiki/Levitation_(Technik)
3. http://de.wikipedia.org/wiki/Robert_Rosenthal_(Psychologe)
4. http://de.wikipedia.org/wiki/An%C3%A4sthesie
5. http://kompetenz-messung.de/fuehlmuster/angstfurcht.html
6. „Das große Handbuch der Hypnose“ von Werner J. Meinhold. 7. Aufl., Seite 394.

Printed by Books on Demand GmbH, Norderstedt / Germany